空海を生きる

HIRO SACHIYA

ひろさちや

佼成出版社

まえがき

空海という人は「密教人間」でありました。したがって、われわれが「空海を生きる」ということは、空海に学んで「密教人間」らしく生きるということになります。

では、密教人間というのは、どういう人間でしょうか……？　その詳しいことは本書に学んでいただきたいのですが、いま、ここでは「まえがき」的にわれわれが密教人間らしく生きる、その要領を考えてみましょう。ただし、誤解しないでください。本書の著者であるわたしが、密教人間らしく生きていると自慢しているのではありません。わたしは密教人間らしく生きたいとは思っていますが、なかなかどうしてそうは問屋が卸してくれません。失敗ばかりしています。密教人間として生きることは、とてもむずかしいことなんです。したがって読者に、いますぐ密教人間になれとは言いません。まあ最初は、自分を密教人間の赤ん坊だと考えてください。そして、少しずつ、少しずつ密教人間になればいいのです。わたしはそう考えています。

いま申し上げた、

——密教人間の赤ん坊——

という言葉がいいですね。密教人間にかぎらず、仏教者であっても同じですが、わたしたちはいきなり「完全な密教人間」、「完璧な仏教者」になろうとします。でも、そう考えるとなかなかしんどいですね。いくら努力しても完全、完璧にはなれず、それでいやになります。

そういうとき空海は、

「そんな完全、完璧なんか目指さず、あなたは赤ん坊でいいんだよ。赤ん坊は失敗ばかりしている。でも、失敗しつつのんびり育っていけばいいんだよ」

と教えてくれました。わたしたちはその空海の教えにしたがって、のんびり、ゆったりと密教の世界に飛び込んで遊びましょうよ。それが密教人間の生き方なんです。わたしはそう考えています。

＊

では、密教人間の赤ん坊として生きる生き方はどのようなものでしょうか？　まず第一に心掛けるべきは、

——現在を楽しく生きること——

だと思います。でもこれは、いささか誤解をまねきそうな発言です。少し注釈を加える必要があります。

どうもわたしたちは、未来のために現在を犠牲にする傾向があります。一流大学合格のために灰色の受験勉強をするのも、将来の栄進のために隠忍自重《いんにんじちょう》のサラリーマン生活を我慢するのも、つまりは将来の利益のために現在の楽しみを犠牲にしているのです。そういう生き方は密教人間のすることではありません。密教人間であれば、現在を楽しく生きる必要があります。

では、灰色の受験勉強をやめて、もっと享楽的に生きよと言うのか?! そう思われるのであれば、あなたは密教人間を誤解しているのです。享楽的に生きたいと思うのであれば、ということは現在さえよければのちのことはどうなってもかまわないと考え、そしてあなたがそのような生き方が楽しいと思うのであれば、あなたは大学受験をやめるべきです。そして自堕落な生活に埋没すべきです。だが、わたしにはそのような生活はできません。わたしであれば、ゆったりと受験勉強をしているほうが気が楽ですね。そりゃあ、受験勉強はつらいですよ。しかし、そのつらい毎日を楽しく生きるのです。それが密教人間の生き方です。じつは空海がそのように生きたのです。彼はがんばりにがんばって生きました。でも、そのがんばりは、楽しいがんばりであったのです。のんびり、ゆったり、楽しくがんばる。空海はそのような生き方をしました。「楽しくがんばる」なんて、形容矛盾のように思われそうですが、それが密教人間の特色なんです。ともかく読者が密教人間になりたいのであれば、現在を楽しく生きてください。あなたは未来のために生きているのではありません。いま、現在を楽しく生きること。それが空海がわたしたちに教えてくれた重要なことです。

*

しかしながら、わたしたちには将来に対する不安があります。誰だって未来のことは心配の種《たね》です。

けれども、いくら未来を心配したって、どうなるわけではありません。多くの人が十年、二十年先の心配をしていますが、ひょっとすればあなたは明日、死ぬかもしれないのです。地震や津波は、予告なしに到来します。

では、地震や津波に何の対策も講じなくてよいのか?! そう問われそうですが、政治家や行政関係者はそのための対策を講ずる必要があります。でも、わたしたち一般の庶民は、そんな未来のために現在の幸せを犠牲にする必要はありません。わたしたちは、政治家や行政マンに将来に対する対策を講じさせるために税金を払っているのです。わたしはそう割りきっていま す。

病気になれば、毎日がつらいですね。貧乏人は思うがままに贅沢はできません。だからわれわれは早く病気が治ってほしい、金持ちになりたいと思いますが、ワン・ツー・スリーで病気が治り、金持ちになれるわけではありません。そういうとき、病気のまま、貧乏なままで現在を楽しく生きようとするのが密教人間です。

それにはどうすればいいか……？　空海は、われわれがしっかりと現在を生きていれば、きっと大きな宇宙の仏がわれわれの将来の面倒をみてくださると信じていました。そのような信仰の上で、彼の全行動があったのです。なぜなら、われわれは大いなる宇宙の仏の赤ん坊だからです。赤ん坊だから、余計な心配はしないでいいのです。

われわれは、大いなる宇宙の仏の赤ん坊として、現在を楽しく苦しみましょうよ。空海はそういう生き方をわれわれに教えてくれました。

その詳しいことは本書を読んでください。いまは「まえがき」的に、空海の考え方を紹介しました。

合掌

二〇二一年十月

ひろさちや

空海を生きる

目次

カバー画像　東寺所蔵
装丁　本田　進

空海を生きる

第1章

密教とは何か?

さまざまな密教がある

▼本書においては、空海と密教について論じていただきます。そこで最初の質問なんですが、そもそも密教とは何なのでしょうか？　それを教えてください。

さあ、弱りましたね。密教とは何か？　じつはその答えこそが本書の結論なのです。密教がいかなる仏教かを解説することが本書の目的にほかなりません。それを最初に語れ、ということが、わたしにとっていかにむずかしいことか、弱ってしまいます。

でも、考えてみれば、密教についてほとんど知識のない読者にとって、ある程度の手掛かりがないと、空海にアプローチ（接近）することが困難となるでしょう。そこで、空海にアプローチするための予備的知識として、最初に密教とは何かについて少しく考察することにします。

しかし、その前にちょっと言っておきたいことがあります。それは、密教といってもいろいろあるということです。インドの密教、中国の密教、チベットの密教は、まったく違ったものです。そしてそれぞれの国の密教が、初期のもの、中期のもの、後期のものと、まったく様相を異にしています。インド後期の密教、というより最終形態の密教なんですが、それはタントリズムと呼ばれ、ある意味では仏教というより、ヒンドゥー教といったほうがよいものです。

読者は、〝加持祈禱《かじきとう》〟といった言葉を聞かれたことがあるでしょう。辞書（『大辞林』）には、《加持祈禱……密教の行法に始まり、民間にも広まった祈禱の形態。神仏の加護を求める行法を修し、病気平癒や災いの除去などの現世利益を祈ること》

とあります。密教といえば、多くの人が加持祈禱を連想します。ということは、密教というものは、低俗にいえば呪文を唱えてお祈りをすることだと思われているようです。

しかし、本当をいえば、〝加持祈禱〟といった術語はないのです。ずっとあとで述べるつもりですが、〝加持〟といった言葉はあります。が、それは、仏からの力がわたしたち衆生に加わってくることです。ところがそれを祈禱に結びつけ、現世利益を願うことだと解され、それが密教だと一般に思われているのです。誤解といえば誤解ですが、密教にはそういう側面もあると思ったほうがいいかもしれません。

まあ、ともかく、密教というものにはさまざまな側面があり、さまざまな密教があることを知っておいてください。つまり、簡単に「これが密教だ」と定義できないのです。それが分かっていないと、空海を正しく捉えることができないと思います。

空海は密教哲学の創造者

さて、その上で、わたしたちは空海が提唱した密教を、

——真言密教——

と呼ぶことにしましょう。これは、空海が開いた宗派が真言宗と呼ばれていることからして、妥当な命名だと思われます。

「真言」についての詳しいことはのちに解説しますが、これは簡単にいえば「仏の言葉」です。真言密教においての仏は大日如来ですから、真言とは大日如来の言葉です。その大日如来の言葉をベース（基礎）にした密教が、空海の提唱した密教です。

そして、この真言密教は、じつは空海が創り出したものなんです。

われわれは、空海は中国（唐）に渡り、中国で密教を学んで、それを日本に持ち帰ったと思っていますが（実際にそう教えられてきたわけです）、本当はそうではありません。この点はあとで詳しく述べますが、たしかに空海は中国において、密教のテクニック（技術）的な面は学びました。密教においては、いかに呪文（真言）を唱えるか、いかに図像（曼荼羅《まんだら》）を描くか、といったテクニック的な面は多くあります。そういうテクニックは師匠から教わる必要が

あります。空海はそのようなテクニックは中国において師匠から教わりました。そしてそれを日本に持ち帰りました。そのことは否定すべくもありません。

けれども、密教（真言密教）の哲学的なものは、わたしは空海の創造だと思っています。彼が独自にその哲学体系を創り上げたのです。

もちろん創造といっても、小説家がフィクション（虚構）としての物語を作り出すのとは違います。さまざまな経典を読んで、多くの人から多くのことを学び、そして新しい体系を構築する。それが哲学者の仕事です。その哲学者（仏教哲学者）の仕事を、空海はしたのです。

だから空海は、数多い人々から誤解されました。もちろん、空海を、

——お大師さん——

と呼んで、慕っている庶民も数多くいます。じつは、死後に朝廷から〝大師〟の諡《おくりな》を贈られた高僧は、弘法大師空海だけではありません。いや、大師号の称号を贈られたのは空海が最初ではなく、最初は空海のライヴァルともいうべき伝教大師最澄《さいちょう》（七六七―八二二）に贈られています。しかし、今日では、〝お大師さん〟といえばすなわち空海と言われるほどに、空海と大師号が結びついていています。それほど庶民に空海は人気があるのです。

けれども、その反面、空海に胡散《うさん》臭さを感じる人々も大勢います。空海が政治権力と手を結んだのが原因でしょう。と同時に、彼が独特の仏教哲学体系を構築したことも、その大きな原

因になっています。これらの点についてはあとで詳しく考察しますが、ともかく最初に、空海がたんなる密教経典の伝搬者ではなく、独特の密教理論、密教哲学の創造者であったことを記憶しておいてください。そうでないと、日本仏教史における空海の重要性が分からなくなると思います。

密教とは秘密仏教

さあ、そこで、最初に問われた「密教とは何か？」について、少しく解説することにしましょう。もちろんこれは、導入部分としての解説ですよ。詳しいことは、のちに触れることにします。

では、密教とは何か？　そう問われるなら、わたしは、密教とは、

——秘密仏教——

であると答えます。密教以外の仏教を〝顕教《けんぎょう》〟といいます。顕教においては、仏教の教えが言論によってオープン（公開的）に説き示されているのに対して、密教においてはそれが秘密にされています。それが密教の特色です。

▼日本の芸事などにおいて、あるいは武術などにおいて、奥深い肝心なところ、極意・奥《おう》義《ぎ》を秘密にしておいて、なかなか弟子に教えませんね。ああいう秘密が仏教にあるのですか？

たしかにそういう秘密もあります。密教にそういう秘密がないわけではありません。真言宗の法要・儀式を見れば分かるように、僧侶が印を結ぶときに、人々には見えないように袖の下で隠して結んでいますね。あれは秘密にしているわけです。

しかし、空海が言う秘密は、それとはちょっと違うのです。もっとオープンになった、公開された秘密というべきです。

たとえば商人同士が顧客の前で商品の原価などを語るとき、あらかじめ取り決めてあった符丁で語りますね。あれは内緒話《ないしょ》をしているのではありません。堂々と、あっけらかんと語っています。しかし、第三者には秘密になっています。そういう秘密もあるわけです。

▼つまり暗号というわけですね。

そうですね、暗号といってもよいかもしれません。暗号を解読するには、コード・ブック

(code book)が必要になります。空海は、大日如来によって説かれた大宇宙の真理に関する暗号を解読するためのコード・ブックを手に入れたのです。昔は、わたしはそのように考えていました。

あるいは象徴言語といってもよいかもしれません。わたしたちが普通に使っている言語——日本語・英語・フランス語・ドイツ語・ヒンディー語・中国語・サンスクリット語等々——とはまったく違った象徴言語によって、大日如来は宇宙の真理を説いておられます。象徴言語というのは、夜空の星がわたしたちに何かを語りかけてくれているのです。風の音、波の音が象徴言語です。あるいは一輪の花が咲き、萎れるのも、大日如来の語りかけです。大宇宙のあらゆる事象が象徴言語なのです。

そして空海は、その象徴言語の読み方に気づいたのです。

昔は、わたしはそのように考えていました。

大日如来語の習得

だが、空海の著述を何度も読み返しているうちに、最近はちょっと違うことを考えています。

わたしは、空海は大日如来の語る言葉を、たんなる、

――外国語――

だと考えています。わざわざ人々を煙に巻く暗号を語っておられるのではないかと思っているのです。また、特殊な象徴語を使って、人々を理解困難に陥らせたいのではありません。大日如来は大日如来の日常使っている言葉でもって、わたしたちに教えを説いておられます。ただ、その大日如来の日常使っておられる言葉が、われわれにとっては外国語であり、どうにも分かりにくい言葉なのです。ただそれだけのことです。

大昔の笑い話ですが、農協のおじさんたちがアメリカ旅行をして、帰朝後、人々にこう語ったそうです。

「いやあ、アメリカの子どもたちは偉い。幼稚園の子どもでも、ちゃんと英語を喋っている」

アメリカの子どもが英語を、日本人の子どもが日本語を、中国人の子どもが中国語を喋るのはあたりまえです。

しかし、わたしは大学生のころにその笑い話を聞いて、大学生にもなって英語の日常会話のできない自分に、〈アメリカの幼稚園児にも劣る〉と、コンプレックス（正しくはインフェリオリティー・コンプレックス。劣等感）を抱いたものです。

まあ、それはともかく、大日如来は大日如来語（それを真言と呼んだほうがよいかもしれませんが、しばらくこのままにしておきます）でもって、宇宙の真理をあっけらかんと語っておられます。

問題は、大日如来語なるものは、われわれにとって外国語だということです。

そこでわれわれは、その外国語（大日如来語）をマスターせねばなりません。

さあ、どのようにして外国語をマスターしますか……？

われわれが外国語を学ぶ場合、たいていは文法を習い、辞書を片手にいろいろな単語を暗記します。でも、なかなか上達しません。これは学び方がよくないのです。

そこで空海は、まったく発想を転換させました。それは、われわれは、

——大日如来語を母国語とすればよい——

というものです。アメリカの幼児は、ごく自然に母国語である英語を喋るようになります。もちろん、日本人の幼児は母国語である日本語を喋れるようになります。それと同じように、われわれは大日如来語を母国語として習得すればよいのです。それが空海の考え方です。

空海は語学の天才

さあ、ここのところに密教と顕教の根本的な違いがあります。

顕教は、端的に言えば釈迦仏の教えです。そして、わたしたち衆生はその釈迦仏の教えを学

んで、みずからも悟りを開いて仏になろうとするのです。

もちろん、わたしたちが悟りを開いて仏になるまでには、厖大な時間がかかります。何度も何度も生まれ変わり、死に変わりして修行を積み、何千億年を何千億倍したあげくに仏になれるのです。仏教では、その厖大な時間を、

——劫《こう》——

と呼んでいます。劫というのは無限ともいってよい時間です。顕教では、そのような莫大な時間の末に仏になれるとするのです。

ところが空海は、〈そうではない〉と考えました。

空海に『即身成仏義《そくしんじょうぶつぎ》』という著作があります。成立の年次は不明ですが、空海の四十六歳のころの著述とされています。

その冒頭に、空海は次のように書いています。


問ふていはく、「諸経論の中に、みな三劫成仏《さんごうじょうぶつ》と説く。今、即身成仏の義を建立《こんりゅう》する。何の憑拠《ひょうこ》かある」。

［質問する。「もろもろの経典・論書は、三劫成仏といって、限りなく長い期間の修行の末

にようやく仏になれると説いている。ところが、あなたは、即身成仏、すなわちこの身体のままで悟りを開いて仏になれると主張するが、どのような根拠があってそういう主張になるのですか？」」

顕教においては、無限大ともいうべき劫といった時間を三倍したほどの修行を積んだのち、ようやく仏になれるとしている。ところがあなたは、「即身成仏」（この身、このままで仏になれる）と主張している。いったいどういう根拠があって、そのような主張になるのか？ そのような問いから書き出しているのです。

ところが、『即身成仏義』によって、空海の解答をここに述べるとなると、あまりにもむずかしくなります。そこでそのことはやめにして、わたしの言葉でもって空海の考え方を解説することにします。

＊

空海は語学の天才です。この点はのちに触れる機会があるでしょうが、空海は中国人ががっくりするほどの中国語の文章を書くことができました。

それに対して、わたしはまったく語学がだめです。英語ですら、満足に喋ることができません。

なぜ、わたしが語学が苦手なのか、さまざまな理由がありますが、その一つは、わたしが完全な――というのは、文法的に正しいということです――文章を語ろうとすることだと思います。また、正確な発音をしようとすることです。もちろん、そのような心掛けで外国語を修得する人もいます。その人は才能に恵まれているからでしょう。わたしに語学の才能のないことが、わたしが語学の下手な最大の理由です。

しかし、語学の下手な人間の例をいくら論じても無駄でしょう。語学の天才である空海がどう考えたか？　そこのところを考察してみましょう。

母国語としての大日如来語

空海は、大日如来の語る言葉を、まったくの母国語と考えました。その点に彼の密教の特色があります。

普通の仏教者――顕教の人――は、釈迦仏の語る言葉を外国語と考えます。そしてその文法や発音、慣用句などを正確に学び、完璧な言葉を喋ろうとします。わたしなんか、二度、三度、頭の中で文章を組み立ててからしか喋れません。ともかく完璧を期すのです。そうすると釈迦仏の言葉がますますむずかしくなり、なかなかマスターできないのです。

ところが、語学の天才である空海は、大日如来の言葉を母国語と受け取りました。そして、前にも言ったように、まるで幼稚園児が喋るように、その母国語を喋るのです。

したがって、失敗を怖れません。笑われたっていいのです。失敗しながら、徐々に外国語である大日如来語をマスターします。

つまり、ここでは、最初の最初から母国語を語っているのです。母国語で思考をし、母国語でもって表現します。

それには、じつは一つの前提があります。それは、わたしたちはみんな大日如来の子どもだということです。

これは、顕教においても同様の考え方があります。たとえば『法華経』は、

今、この三界《さんがい》は　皆、これ、わが有《う》なり。
その中の衆生は　悉《ことごと》くこれ吾が子なり。（「譬喩品」）

と言っています。これは釈迦世尊の言葉です。すなわち、三界（全宇宙）は釈迦仏の所有になるものであり、そこに住む衆生はみんな釈迦仏の子だというのです。

それと同じく密教においては、この大宇宙は大日如来の世界であり、わたしたち衆生は大日

如来の子どもだというのです。

ここまでは密教も顕教もまったく同じ考え方に立っていますが、にもかかわらず顕教においては、わたしたちは不完全な存在であって、したがってよくよく努力して完全な仏になるように道を歩まねばならない。修行せねばならない。そう考えるのです。

それに対して空海が創造した真言密教においては、わたしたちは大日如来の子どもだから、それでいいではないかと考えるのです。仏の子どもは仏なんです。蛙の子はオタマジャクシと呼ばれていますが、オタマジャクシは蛙なんです。オタマジャクシは成長して蛙になります。オタマジャクシが成長して鯰《なまず》になるわけではありません。だから、仏の子は成長して仏になります。いや、すでに仏の子は仏なんです。すでに仏なんだから、それでいいではないか、というわけです。それが空海の考え方です。

いいですか、日本人の子どもは自然に日本語が喋れるようになります。アメリカ人の幼児は、おとなになれば自然に英語が喋れるようになります。いや、すでに日本人の赤ん坊は日本語を喋っているのです。日本人の赤ん坊の泣き声が、すでに日本語で泣いているのです。

ですから、顕教においては、われわれは努力して外国語である釈迦仏の言葉を学ばねばなりません。修行する必要があります。しかし、空海が創った密教においては、わたしたちは大日如来の子どもであることを自覚するだけでよいのです。その自覚さえあれば、あとはごくごく自然に大日如来の言葉をマスターできます。それが空海の密教です。

方便こそが絶対である

密教の経典である『大日経』（正しくは『大毘盧遮那成仏神変加持経《だいびるしゃなじょうぶつじんぺんかじきょう》』といいます）には、

菩提心《ぼだいしん》を因と為し、大悲を根と為し、方便を究竟《くきょう》と為す。（「入真言門住心品《じゅうしんぼん》」）

といった言葉があります。これが空海の考え方の基本だといってよいでしょう。

「菩提心」というのは、悟りを求める心です。というより、空海的にいえば、自分は大日如来の子であり、大日如来の子として生きようと発心することです。そして、それが種になります。種を土に蒔《ま》けば、自然に根が出てきます。その根が「大悲」です。自分だけでなく、あらゆる人々を幸せにしてあげたいという慈悲の心です。

そして、それがすくすくと育っていくのが「方便」です。

じつは、日常語の〝方便〟は、『大日経』がいう「方便」ではありません。

日常語の〝方便〟は、「便宜的な手段」の意味に使われています。「嘘も方便」といったふうに、目的さえ正しければ、まちがった手段である嘘をついてもかまわないというのです。しかし、仏教では「嘘は方便」ではありません。まちがった手段を使ってはならないのです。

仏教語の〝方便〟は、サンスクリット語の〝ウパーヤ〟の訳語です。そして〝ウパーヤ〟は「近づく」といった意味です。《方便を究竟（絶対）と為す》というのは、したがってどこまでもどこまでも近づいて行くことが絶対だといっているのです。

われわれは、目的を設定して、その目的に到達することが大事（絶対）だと考えています。顕教においては、悟りを開いて仏になることが絶対なんです。でも、仏という到達点は、いわば星のようなもので、われわれは絶対に星に到達することはできません。到達できるにしても、三劫といった無限大の時間がかかります。

空海の密教では、そんな目的に執着しません。ただ目的に向かって歩み続けることこそが絶対だとするのです。どこまでも、どこまでも、ひたすら歩み続ける。その姿こそが仏だと、空海は考えました。

たとえば、受験勉強を考えてください。大学進学のための受験勉強は、大学に合格することが目的です。合格すれば〈よかった〉となり、不合格になって浪人生活をしなければならなくなれば、「灰色の浪人生活」になります。ですが、大学に進学したいのは、勉強を続けたいからでしょう。浪人すれば、あと一年は勉強できるのです。それをなぜ「灰色」にするのか、それは合格にこだわっているからです。

『大日経』が《方便を究竟と為す》と言っているのは、ただひたすら勉強を楽しめばよいという意味です。わたしたちが仏に向かって歩み続けることのできる毎日毎日を、楽しく生きればよい。それが空海の考え方です。

だいぶ長くなりましたが、以上でひとまず「密教とは何か？」といった質問に答えたことにします。

▼ありがとうございます。それだけを分かって空海にアプローチすれば、きっと理解が深まると思います。それでは、いよいよ空海の生涯について語ってください。

第2章

風来坊の空海

十八歳で大学に入る

空海は、宝亀五年（七七四）六月十五日、四国は讃岐国多度郡屛風《さぬきのくにたどのこおりびようぶ》が浦《うら》に生まれました。ここは、現在の善通寺の境内にあたる場所です。ただし、誕生年に関しては一年違いの宝亀四年とする説もあります。また誕生地についても異説があります。しかし、われわれは通説に従っておきます。

六月十五日という誕生日に関しては、これは伝説によるものです。

不空《ふくう》（七〇五―七七四）という名の僧がいます。インドの出身で、インド名をアモーガヴァジュラといいます。彼はインドから中国に来て活躍し、多くの密教経典を翻訳しました。その不空の弟子が中国人の恵果《けいか》（七四六―八〇五）で、空海は中国において恵果から密教を継承しました。それ故、空海は不空の孫弟子にあたります。

ところで、じつは不空の没年が唐の大暦九年（七七四）六月十五日です。西暦を見て気づかれたでしょうが、空海の誕生年は不空の没年です。そして、空海はのちに不空の生まれ変わりだとする伝説がつくられました。空海自身もそう信じていたようです。そこで、空海の誕生日は六月十五日になったのです。われわれはそんな伝説を信じる必要はありませんが、かといってそれに異を唱えることもないので、いちおうそれに従っておきます。

次に、空海の父は佐伯直田公《さえきのあたいたきみ》といい、地方の豪族でした。

また、母も阿刀《あと》氏の出自で、同じく地方豪族でした。じつは、この母の弟、空海からすれば叔父にあたる人物が阿刀大足《あとのおおたり》で、のちに桓武天皇の皇子である伊予《いよ》親王の侍講《じこう》を務めた碩学《せきがく》です。空海はこの叔父といろいろ関係を持ちました。

空海の幼名は真魚《まお》。そして〝貴物《とうともの》〟と呼ばれていたようです。たぶん神童の誉れの高い少年であったと思われます。

以上が基本的なデータですが、じつは空海の青少年時代については謎だらけです。彼の著作である『三教指帰《さんごうしいき》』によると、

二九《じきゅう》にして槐市《かいし》に遊聴《ゆうてい》す。雪蛍《せっけい》を猶怠《なおおこた》れるに拉《とりひし》ぎ、縄錐《じょうすい》の勤めざるに怒《いか》る。

「二九（十八歳）で大学に入った。昔の人は「蛍の光、窓の雪」と一生懸命に勉学に励んだようだが、わたしは〈そんなものは、まだ甘っちょろい〉と言わんばかりに刻苦し、睡気《ねむけ》を払うために首に縄をかけ、股《もも》に錐《きり》を刺して勉励した」

とあります。十八歳で大学に入り、大学においては刻苦勉励したというのです。

ところが、現在の学制からすればこれであたりまえなんでしょうが、空海の時代にすれば、大学の入学資格は十三歳から十六歳までであったから、空海の十八歳の大学入学はいささか異例です。研究者はあれこれ推測していますが、よく分かりません。

じつは、当時の大学は、貴族の子弟が学ぶ所でした。それなのに、地方豪族の息でしかない空海が大学に入れること自体が、ちょっと例外的です。

じつは、いま引用した《二九にして槐市に遊聴す》の直前に、空海はこう書いています。

余《われ》、年《とし》、志学《しいかく》にして外氏《がいし》阿二《あじ》千石文学《せんせきぶんがく》の舅《きゅう》に就いて伏膺《ふくよう》し鑚仰《さんぎょう》す。二九にして……。

［わたしは十五歳のとき、母方の叔父にあたる阿刀大足《あとのおおたり》について勉学を始めた。そして十八歳で……］

当時の都は長岡京《ながおかきょう》にありました。すなわち天応《てんのう》元年（七八一）に桓武天皇が即位し、その意向によって都はそれまでの平城京から長岡京に移されたのです。遷都は延暦三年（七八四）です。ついでに言っておきますと、この都が長岡京から平安京に移されたのは延暦十三年で、長岡京はわずか十年ばかりの短期の都でした。

叔父の阿刀大足は桓武天皇の皇子の侍講であったのですから、たぶん長岡京に住んでいたと思われます。そして空海は、十五歳のときに讃岐国から長岡京に上京し、叔父の薫陶を受けていたものと思われます。そして、

〈こいつは見所がある〉

と思った叔父が、ちょっと無理をして空海を大学に入れたのかもしれません。わたしはそう推測しています。

なお、その大学の所在地は、当然長岡京だと思われますが、いや大学はまだ平城京にあったと主張する学者もいます。その点については、あまり穿鑿《せんさく》しないでおきます。

大学を中退した空海

大学に入った空海は、きっと刻苦勉励したでしょう。彼はなかなかの秀才であったと思われます。

しかし、そのうちに空海に疑問が生じてきました。

我の習ふところは古人の糟粕《そうはく》なり。目前、尚《なお》益なし。況《いわ》んや身斃《たお》るるの後をや。この陰《おん》、已《すで》に朽《く》ちなん。真を仰がんには如《し》かず。

［わたしが学んでいるものは、昔の人が語った言葉のかすばかり。生きているいまのこの瞬間には役立たぬし、ましてや死んだあとの役には立たぬ。この肉体はすぐに朽ちてしまう。真実を求めずして、どうしようというのか］

これは、空海の十大弟子の一人で、東寺第三世となった真済《しんぜい》（八〇〇—八六〇）作と伝えられている（ただし異説もあります）『空海僧都《そうず》伝』にある空海の言葉です。わたしが大学で学んでいるものは、本物ではないかすみたいなものだ、というのです。〝糟粕《そうはく》〟とは「酒のしぼりかす」の意です。この気持ち、よく分かります。空海の周囲にいる貴族のお坊ちゃんたちには、大学を出て立身出世の道があります。だから大学で教わることを真剣に学べるのです。だが、空海は地方豪族の息です。大学を出たからといって栄達の道はありません。だから、自然に、

〈こんな勉学をして、何になる?!〉

といった想いに駆られるのです。

そうすると、どうなりますか？
大学を中途退学する以外にありません。少なくとも空海の場合は、そうでした。
そのあたりの心境を、彼は『三教指帰』の中で吐露《とろ》しています。

爰《ここ》に一《ひとり》の沙門《しゃもん》有《あ》り。余《よ》に虚空蔵聞持《こくうぞうもんじ》の法を呈《しめ》す。其《そ》の経に説《と》かく、「若《も》し人、法に依つて此《こ》の真言一百万遍を誦《じゅ》すれば、即《すなわ》ち一切の教法の文義《もんぎ》暗記することを得《う》」。ここに大聖《だいしょう》の誠言《じょうごん》を信じて飛燄《ひえん》を鑽燧《さんすい》に望む。阿国大瀧嶽《あこくたいりょうのたけ》に躋《のぼ》り攀《よ》ぢ、土州室戸崎《としゅうむろとのさき》に勤念《ごんねん》す。谷響《たにひびき》を惜しまず、明星《みょうじょう》来影《らいえい》す。

「ここに一人の沙門がいて、わたしに『虚空蔵菩薩求聞持法経《こくうぞうぼさつぐもんじほうきょう》』を教えてくれた。その経典にこう説かれていた。「もしこの教えの通りにこの真言を百万遍唱えるならば、仏教のすべての経典を暗記し、理解することができる」と。わたしはこの仏陀の言葉を信じて、木を擦《す》り合わせて火をおこすときのように休むことなく努力した。あるときは阿波の国の太龍寺《たいりゅうじ》の奥の山に登り、あるときは土佐の国の室戸岬《むろとみさき》で修行に励んだ。すると幽谷はこだまし、明星が出現するといった霊験があった」

『三教指帰』は空海の二十四歳のときの著作です。彼は、《爰に一の沙門有り》と書いていますが、それが何歳のときであったか明示されていません。大学に在学中か、あるいは退学後のことか、ともかく彼は一人の沙門に会ったのです。この沙門は、古来の通説では東大寺系の僧侶の勤操《ごんそう》（七五四―八二七）とされています。最近はこれに疑義を唱える学者もいますが、わたしは通説に従っておきます。

そして空海は勤操に私淑するようになり、大学を去って、四国の阿波や土佐で仏教の修行をしたようです。

ということは、空海は大学を中退して、風来坊になったのです。なぜなら、仏教の修行をしたといっても、正式の僧になったのではありません。当時は、正式の僧（官僧）になるためには国家の試験に合格せねばなりません。空海は自分勝手に仏教の修行を始めたのです。そういう者を私度僧《しどそう》といいます。私度僧はいわばルンペンです。お大師さん、空海ファンには叱られるかもしれませんが、大学を中退した空海は、ルンペンになって四国の地や奈良のあちこちを彷徨《ほうこう》していたようです。

『三教指帰』を書く

大学を中退したのちの空海の軌跡については、詳しいことはまったく不明です。ただ、当時の彼の心境は、『三教指帰』の中に書かれています。原文は省略して、加藤純隆訳著『口語訳三教指帰』（世界聖典刊行協会）によって紹介します。

こうして遂《つい》に、栄達を競《きそ》う朝廷での仕官《みやづかえ》の生活にも、利益を追い求める市場《しじょう》での駆引《かけひき》の生活にも、段々と厭《いと》い離れる心が湧《わ》いて来ました。そして巌山《いわやま》や藪沢《やぶさわ》にたなびく煙《もや》や霞《かすみ》に接していることの生活に、世俗を脱《ぬ》け出た大自然の中の生活に、朝な夕な心ひかれるようになりました。

軽《かろ》やかな衣裳、よく肥えた乗馬《のりうま》、水の流れるように走る車、これらによって象徴される貴《き》顕《けん》の人々の生活を見ている時には、いま時めいているこの人たちの生活も、やがて電光《いなびかり》のように、又幻《まぼろし》化のように果敢《はか》なく消え去って行くものと感じられて、人の世の無常を嘆く心が忽《たちま》ちに起るのです。

……（中略）……

このようにして、目に触れるものの総てが、私の心を仏道（仏のみち）へ傾斜《けいしゃ》させ、私を仏道へと勧めています。吹く風に似たこの想いを、誰れが縄《なわ》をもって繋ぎ留められましょうか。

空海はあちこちを放浪しているうちに、だんだんと世俗の栄達をあきらめ、仏教者となっていったのです。仏教者といっても、立派な官僧ではなく、先程も述べたようにルンペン的な私度僧であったのですが……。

じつはこの『三教指帰』は、空海が、

——わたしは仏教者となる——

と宣言（マニフェスト）した処女作です。

三教とは、儒教・道教・仏教です。大学において空海は儒教を中心に学んでいましたが、それを捨てて彼は仏教への道を歩み始めました。しかし、世間の人々は、仏教は忠孝の道にはずれると、彼が仏教者になることに反対します。いや、実際に空海は、面と向かって反対されたわけではないでしょうが、それが世間一般の考え方でした。そこで空海は、仏教こそ真の人間の生きる道だと反駁《はんばく》して書いたのが、この『三教指帰』です。前にも触れたように、空海の二十四歳のときの著作です。

だとすると空海は、十八歳の少しあとに大学を中退して、二十四歳になるまでのあいだ、放浪してルンペン的に生きていたのでしょう。しかし、『三教指帰』は、たぶん空海は讃岐の実家に戻って執筆したのだと思われます。

謎の七年間

ところがそのあとの七年間、空海の消息はまったく不明です。七年間というのは、『三教指帰』(ただし、最初は『聾瞽指帰《ろうこ》』と題されていました)を書いた延暦十六年(七九七)から延暦二十三年までです。それ故、学者たちは、これを、

――謎の七年間――

と呼んでいます。伝記的に謎というよりほかありません。

そこでこの「謎の七年間」に関しては、古来、さまざまな仮説、臆説、珍説が出されています。

なかでも「中国密航説」がおもしろいと思います。空海はこの七年のうち何年かを、中国に渡って、中国に暮らしていたというのです。

まあ、あまりにも空海が中国語に堪能なので、それを説明するために考え出された説だと思

います。わたしは昔はこの説に魅力を感じました。しかし現在は、この説に加担しません。なぜなら、空海は中途退学とはいえ、大学に学んでいます。大学には音博士《おとはかせ》と呼ばれる教授がいて、中国語を自由自在に操《あやつ》り、会話も教えていました。当時の中国語は、今日でいえば英語と同じです。空海が中国語に堪能なのは、それほど驚くべきことではありません（少しは驚いてもいいですが……）。空海は秀才だったとしておけばよいと思います。

もう一つは、「空海＝山師説」があります。

〝山師〟の語には、「詐欺師《さぎし》」に近い意味もありますが、空海の場合は詐欺師ではありません。《鉱山の発掘や鉱脈の発見・鑑定をする人》（『大辞林』）です。空海は主に吉野の山林で鉱物資源を探っていたというのです。そういう技術者でありました。それが「山師説」です。

じつは空海は、ずっとのちになって自身のことをこう言っています。

空海弱冠《じやつかん》より知命《ちめい》に及ぶまで山藪《さんそう》を宅《いえ》とし、禅黙《ぜんもく》を心《こころ》とす。人事《じんじ》を経《へ》ず、煩砕《はんさい》に耐へず。

（『性霊集《しょうりょうしゅう》』巻第四）

［わたし、空海は、二十歳のころから五十歳にいたるまで、もっぱら山林に住して瞑想を心掛けてきました。世俗のことに経験がなく、それにたずさわることは煩わしくてなりませ

ん」

こう書いたのは、空海の五十一歳のときです。その天長元年（八二四）三月に空海は少僧都《しょうそうず》に任ぜられたのですが、自分は「山林の人間」だ。少僧都なんて、世俗の人事に関心はない。だからこんな任に堪えられないので、「少僧都を辞《じ》する表」を朝廷に出したのです。

ともかく空海はこのころ（謎の七年間のころ）山を歩きまわっていました。それ故、ときには鉱山技術者との接触があったことはほぼ確実です。けれども、空海その人を山師とするのはどうかと思います。したがって、この説もわれわれは採用しないことにします。

それからもう一つ、謎の七年間に関しては「全国行脚《あんぎゃ》説」があります。空海はこの間、日本全国のあちこちを歩いていたというのです。

しかし、この七年間、空海はどこにいたのか分からないということと、空海は日本全国のあちこちにいたということとは、情報量はほぼ同じです。したがってわれわれは、こんな説は暇な学者の主張だとして、無視することにしましょう。

『大日経』と出合う

ともかく空海は、この七年間、仏道修行に励んでいたようです。あるときは奈良の諸寺で仏典の研鑽《けんさん》を積み、またときには山林を歩きまわっていた。そういう充電期間だったとしておきましょう。

だが、一つだけわれわれが見落としてはならないことがあります。

それは、空海と密教との出合いです。

『御遺告《ごゆいごう》』（『二十五箇条の御遺告』ともいいます）によると、あるとき空海は、東大寺の大仏殿において、「仏教最高の教えをわれに示したまえ」と祈誓しました。すると、

「久米寺に行け」

との夢告があり、それに従って彼が久米寺へ行くと『大日経』と出合いました。

『御遺告』は、空海の遺誡《ゆいかい》をまとめた書とされています。しかし、学問的には少々問題のある箇所もあり、おそらく空海の弟子たちが師の意を忖度《そんたく》して、師の伝記を理想化・偶像化して書いたものではないかとされています。したがってわたしたちは、これをこのまま信用するのは危険ですが、空海が唐に渡る以前に密教経典である『大日経』を読んでいることはまちがいなさそうです。その点は、『性霊集《しょうりょうしゅう》』にある、空海自身の書いたものによって裏付けられます。

ところが空海は、この『大日経』を読んで、あまりよく理解できなかったようです。それで、本場の中国に渡って勉学しようと思った。そういう伝承があります。

『大日経』は、唐代に善無畏《ぜんむい》（六三七―七三五。インド名シュバカラシンハ）によって漢訳されました。全七巻三十六品《ほん》（〝品〟とは「章」の意）より成ります。そのうちの第一品だけが教理（教相）を説いたもので、残りの三十五品は、曼荼羅《まんだら》の描き方や真言・陀羅尼《だらに》の唱え方、字輪観《じりんかん》と呼ばれる密教の観法、あるいは戒律などの修法（事相）を説いたものです。空海は、教相の部分は理解できたようですが、事相（テクニック）に関する部分は分かりませんでした。テクニック的なものは、やはり人から教えてもらう必要があります。医学でいえば理論と臨床に相当します。わたしも『大日経』を読んで、第一品の「入真言門住心品《じゅうしんぼん》」だけはなんとかついて行けるのですが、第二品以下はまったくお手上げです。あまり読もうとも思いません。

まあ、そこで空海は唐に渡りたいと思いました。

それでどうしたか……？

じつは、このあとの空海の行動はある程度は分かっているのですが、なぜ空海にとって事態がうまく好転したのか、その理由はあまりよく分かりません。空海は唐に渡りたいと思った。はい、それではどうぞ唐に行ってください。……物事はそううまくは行きませんよね。ところが空海は、物事がうまく進んで行くのです。どうしてでしょうか？　そこで、そこのところを、しばらくはわたしの想像を加えながら事態の推移を追って行きます。だいぶ小説家的な想像が入っていることをお許しください。

空海は密教人間

わたしは、空海は密教人間だったと思っています。

密教人間は、直観的に即断でもって動く人間です。

普通の人は、あれこれ慎重に考えて、軽々しい行動はしません。ところが密教人間は、他人から見れば何も考えていないかのように、即断的にぱっと決めて、さっと動きます。空海はそういうタイプの人間でした。

＊

さあ、そこで、空海は動き始めました。謎の七年間の冬眠を終わった動物が巣から出るように、空海は活動を始めたのです。

最初に彼がやったことは、叔父の阿刀大足に会うことでした。

「久しぶりだね」

「はあ、ご無沙汰しておりました」

「どうしていたんだね？」

「のんびり、ぶらぶらやっていました」

「で、これからどうする気だ？」

「さあ……」

「どうだね、唐にでも行ってみないかね？」

「唐ですか？　いいですね、ぜひ行きたいと思います。行かせてください」

念のため繰り返しておきますが、こんな会話が実際にあったというのではありません。密教人間である空海にすれば、「唐に行くか？」と問われれば、「はい、行きます」と即答したはずだということを指摘しておきたいので、こういう会話をつくったまでです。

じつは空海が阿刀大足に会ったと想像される延暦二十三年（八〇四）――空海の三十一歳――の前年、藤原葛野麿《ふじわらのかどのまろ》（麻呂）を大使とする遣唐使船が難波《なにわ》を出帆しました。が、現在の松山あたりで暴風雨に遭って難破し、その出発が延期になっていました。そして、もうすぐその再出発が予定されているところに空海が姿を現したのです。それで叔父の大足がなにげなく「唐に行くか？」と言い、すぐさま空海が「行きます」と即答したわけです。叔父に唐への留学生を決める権限があったはずはありません。甥が「二、三日、考えさせてください」とでも答えれば、あとから空海が「唐に行かせてください」と申し出ても、「いや、あれはすでに人員が決まったのだ」と、大足は逃げを打ったはずです。しかし空海が「行かせてください」と即答したもので、叔父はあれこれ奔走せねばならなくなりました。まあ、大足は皇子の侍講をしていたもので、少しは伝《つて》があります。そこで叔父の奔走によって、空海は唐に渡ることができるようになりました。わたしはそのように想像を逞《たくま》しくしています。

ここで読者に注目してほしいことは、密教人間である空海の決断の速さです。普通の人間はあれこれ考え、熟慮の末に決断しようとします。そうしてチャンスを逃がしてしまうのです。未来のことは、人間がいくら考えても分かりません。「下手の考え休むに似たり」と言われていますが、ならば考えないほうがよいのです。直観的に〈こうしたい……〉と思えば、そうすればよいのです。ただし、大事なことは欲をかかないことです。〈こうあってほしい……〉と思えば、その邪念によって運が悪い方向に向かいます。人間は純情な心のままに動けばよいのです。そして失敗したときは、さっぱりとあきらめればよいのです。それが密教の人間の動き方です。そして空海は、そのような密教人間でした。「流れ」に乗っていればいい。そうすると自然に運命が拓けていきます。

唐に渡ることになった空海

さあ、唐に行くとなれば、その前にあれこれ準備が必要です。

阿刀大足は、空海を遣唐使船に乗せるために、あれこれ画策しました。それによって空海は留学生《るがくしよう》の一員に加えられました。留学生というのは、二十年間を唐にとどまって勉学することを義務づけられた人間です。

ところが、空海は通訳の資格で唐に渡ったと主張する学者もいます。だが、それは当たらないと思います。なぜなら、空海は二年後に日本に帰って来たのですが、そのとき朝廷に文書を提出して、

空海、闕期《けつご》の罪死して余ありといへども……。（『御請来目録《ごしようらいもくろく》』）

と述べています。〝闕期〟とは、〝闕〟は「欠ける」の意で、二十年の留学期間を満了せず、わずか二年で帰国した罪は死に値すると言っているのです。これによって、空海が留学生であったことはまちがいないでしょう。この点については後述します。

もっとも、叔父の阿刀大足が甥を売り込むとき、

「ものすごく中国語に堪能な男です。だから、場合によっては通訳としても使えるかもしれません」

と言ったことも考えられます。それが「空海・通訳説」を生み出したかもしれません。

それから、唐に渡って仏教を学ぶとなれば、正式の官僧になる必要があります。すなわち東

大寺において受戒しなければならないのです。では、空海がいつ受戒したかといえば、二十歳のとき、二十一歳のとき、二十二歳のとき、二十五歳のとき、三十一歳のときと、諸説があります。しかし、近年の研究によると、彼は延暦二十三年（八〇四）四月七日に受戒したとされます。延暦二十三年といえば、遣唐使船が出帆した年です。たぶん空海は、唐に留学生として渡るための資格を調《ととの》えるために、あわてて受戒したのだと思われます。

　また、唐に留学生として渡るには、やはり資金、生活費、勉学費が要ります。もちろん国からある程度の砂金が支給されますが、それだけでは足りません。重要な仏教経典類を書写して持ち帰り、空海の場合でいえば仏具や曼荼羅などを持ち帰ります。経典を書写するといっても、自分一人でできる量は限られていますから、大勢の筆耕生を雇わねばなりません。曼荼羅をつくるために画工も雇う必要があります。莫大な費用がかかることが予想されます。

　しかしその点は、空海の実家が地方豪族だから、問題なく出してくれたでしょう。それに叔父の阿刀大足を通じて、彼が侍講となっていた伊予親王からの援助もあった可能性が高いです。まあ、留学費用の面では、あまり問題がなかったでしょう。

遣唐使船の危険

この機会に少し補足しておきたいことがあります。

わたしたちは現代的感覚でいえば、海外留学をむしろ名誉なことだと考えています。しかし、空海の時代でいえば、唐に渡ることは危険なことでした。当時の日本の造船技術はだいぶ劣っていたようです。それは中国とくらべての話です。板と板のあいだに海草を詰めて、それで海水が入ってくるのを防いだというから、相当にひどいものです。

日本は四方を海に囲まれています。だから当然に海洋国家であるべきはずですが、どうもそうではありません。昔の日本人は海を知らなさすぎです。日本は海岸国であっても海洋国ではない。というのがわたしの感想です。わざわざ台風の季節に遣唐使船（その前は遣隋使船でした）を出発させるというのだから、もう何をか言わんやです。

したがって、日本から中国に無事に渡れる確率は、六、七割程度であったといいます。ということは、三、四割の船は海の藻屑《もくず》になったのです。遣唐使船に乗ることは、ある程度は死を覚悟せねばなりません。そういったことを忘れてはなりません。

それから、遣唐使船のコースにも問題があります。日本から中国に渡るいちばん安全なコースは、難波（大阪湾）から筑紫大津浦《つくしのおおつのうら》（博多湾）に出て、壱岐《いき》・対馬《つしま》を経て朝鮮の西海岸を北上し、渤海《ぼっかい》湾を横断して山東半島に上陸するコースです。遣隋使船や初期の遣唐使船はこのコースをとっていたのですが、白村江《はくそんこう》の戦いで日本と対立関係にあった新羅《しらぎ》が朝鮮半島の統一を進め、日本と新羅とのあいだに国交がなくなり、遣唐使船はこのコースをとれなくなりました。そのため遣唐使船は東シナ海を横断する危険なコースをとるよりほかなくなり、海難に遭う危険が多くなったのです。「行くか？」「行きます」と簡単に応じた空海ですが、ある意味では命を賭しての中国行きだったわけです。

そして、実際には空海は、四隻の遣唐使船団の第一船に乗ったのですが、このとき無事に中国に渡れたのは第一船と第二船だけで、第三船は風に船をこわされ、仕方なく日本に帰っています。また第四船は、出航したのち消息を絶ち、海の藻屑になってしまいました。われわれは、空海が無事に中国に渡れたことを、心から喜ばねばなりません。

第3章

唐に渡った空海

四隻の遣唐使船団

四隻の遣唐使船団は、延暦二十三年（八〇四）七月六日、肥前田浦《ひぜんたのうら》港より出航しました。第一船には、大使の藤原葛野麿と副使の石川道益《みちやす》が乗っています。そして空海は、この第一船に乗りました。ただし空海は、すでに五月十二日に難波《なにわ》で乗船しています。また、のちに空海と嵯峨《さが》天皇とともに平安の三筆（三人の優れた書家）に数えられる橘逸勢《たちばなのはやなり》も、やはり第一船に乗っています。彼もまた、空海と同じ留学生《るがくしょう》でした。総数二十三名が第一船に乗っていました。

それから、第二船には、判官《はんがん》の菅原清公《すがわらのきよきみ》をはじめとする二十七名が乗っています。その二十七名のうちに、かの、

――最澄《さいちょう》――

の名前があります。わが国天台宗の開祖の伝教大師最澄です。

しかし、最澄は留学生ではありません。還学生《げんがくしょう》といった資格です。還学生というのは、すでに学業の成った者に短期の海外視察旅行をさせるためのものです。

そもそも最澄と空海は、格が違います。年齢は、このとき最澄三十八歳だから、空海より七

歳年長です。そして空海が、この遣唐使船に乗るためにあわてて僧の資格をとった駆け出しの僧侶であったのに対して、最澄は比叡山上に一乗止観院《いちじようしかんいん》を建立し、桓武天皇から厚い信頼を寄せられている立派な高僧です。まあ、東京大学教授と大学進学塾のアルバイト講師ぐらいの差でしょうか。

ところが、のちに最澄と空海はライヴァル関係になり、その差はある意味では逆転することになります。人間の運命というものは不思議なものです。

しかしながら、読者は早合点をしないでください。この遣唐使船に乗った段階では、二人は出会っていません。乗った船が違いますし、二つの船は離れ離れになり、中国に着いた日時も場所も違います。二人は中国でも会っていません。空海のほうは、最澄の名前を知っていたかもしれませんが（最澄はともかく有名人でした）、最澄のほうでは空海は無名人だから、その存在を知るわけがありません。二人が知り合うのは、帰国後のことでした。

それはともかく、最澄や空海たちを乗せた遣唐使船の四隻の船団は、七月六日に日本を離れました。ところが翌七日に、暴風雨にあってこの船団は四散します。文字通りに四つに離れたのです。前にも触れましたが、第四船は消息を絶ったまま、海の藻屑になりました。第三船は嵐に船をこわされ、いったん日本に帰国します。ともかくも中国に着いたのは、第一船と第二船だけです。第二船は九月一日に明州寧波府《みんしゆうニンポー》に漂着し、第一船は八月十日にはるか南の福州《ふくしゆう》長渓《ちょうけい》県の赤岸鎮《せきがんちん》（現在の福建《ふっけん》省霞浦《かほ》県）に流れ着きました。

さて、このあとは、われわれは空海の足跡を追って行きましょう。

赤岸鎮に着いた遣唐使船

いま述べたように、空海を乗せた船は、八月十日に赤岸鎮に着きました。七月六日に出航してから、一か月以上も漂流したわけです。

しかもそこは、俗に「閩《びん》」と呼ばれる地で、越《えつ》族の一派の閩越人が住んでいる、とんでもない辺疆《へんきょう》の地でした。

だから言葉が通じません。身振りをまじえ筆談で交渉しましたが、土地の人は、

「ここではだめだ。ともかく福州へ行け」

と言うばかり。それで仕方なく船を福州に回しましたが、福州に着いたのは十月三日でした。日本を出てから三か月近くになります。

だが、それで喜ぶのはまだ早い。福州の観察使（長官代理）は、てんで日本人を信用しません。遣唐使船がこんな僻地《へきち》にやって来たことがないからです。大使の藤原葛野麿が、「自分は日本国の大使だ」と主張しても、国も印符も持っていないのだから、信用できるわけがありま

せん。その結果、日本人は海賊にまちがえられ、強制的に下船させられ、海岸べりの湿った砂の上に置かれました。

この間、大使越前国太守正三位《しょうさんみ》藤原朝臣《あそん》賀能《かのう》（＝葛野麿）、自ら手書を作って衡《こう》洲の司に呈す。洲司披《ひら》き看《み》て即ちこの文を以《もっ》て已了《すておわ》んぬ。此の如《かく》くすること両三度。然りといへども船を封じ人を追って湿沙《しっさ》の上に居らしむ。

空海の『御遺告』にこうあります。大使が文書を二度、三度、提出しても、相手の観察使は読まずにポイです。日本人の下手な漢文など、読むに値いしないのです。日本の大使は、海賊の親玉扱いです。だって、中国人にすれば、立派な文章を綴れる者がエリートで、悪文しか書けぬ奴は海賊だ、となります。そういう国柄なんです。

ところで、ではなぜ大使は国書を携行していなかったのでしょうか？

古代のアジア世界においては、貿易は朝貢《ちょうこう》の形で行われていました。中国周辺の諸国で、中国との貿易を望む国は、中国の天子に貢物《みつぎもの》を持って行きます。すると中国の天子は、さまざまな文書や回賜《かいし》（贈り物）を与えてくれます。貢物の何倍かの回賜をくれるのです。そしてその差が実質的な貿易収入になるわけです。

したがって中国側からすれば、日本は臣下の礼をとって中国の天子に貢物を持ってくるわけです。ところが日本側にすれば、それでは屈辱です。あくまでも対等の関係に見せかけたいのです。それで日本の遣唐使は国書を携行しない習慣がありました。国書を携行していないのだから、日本側にすれば正式な使節ではないと言い逃れができます。そういう姑息な手段が弄されていたのです。現代日本でも、そういう姑息な外交手段が使われていますね。いや、そもそも外交というものが、どこの国だって姑息な手段が弄されるものかもしれません。

まあ、その結果、日本の遣唐使船が海賊にまちがわれることになったのです。仕方がないことかもしれません。

海賊にまちがえられた遣唐使一行

では、それからどうなったのでしょうか？

先程引用した、空海の『御遺告』の続きを読んでみます。最後の文章だけはダブらせて引用します。

然りといへども船を封じ人を追つて湿沙の上に居らしむ。この時、大使述べていはく、切愁《せつしゅう》の今《とき》なり。抑《そもそも》大徳（＝空海のこと）は筆の主なり、書を呈せよと云々《うんぬん》。爰《ここ》に吾《わ》れ書様を作つて大使に替《かわ》つて彼の洲の長《おさ》に呈す。披《ひら》き覧《み》て咲《えみ》を含み、船を開き問《とい》を加ふ。

大使は思い出したのです。日本を発つ前に、空海のことを「すごく中国語に堪能な者です」と紹介されていたことを。そこで大使は空海に言いました。

「切羽詰まった。おまえは筆が立つのだろう。わしの代りに文書を書いてくれ」

そこで空海が代筆します。その文章が『性霊集《しょうりょうしゅう》』（巻第五）にあります。『性霊集』は正しくは『遍照発揮性霊集《へんじょうはっきしょうりょうしゅう》』といい、空海のつくった詩や書簡、碑文、上表文、啓文、願文などを、真済《しんぜい》という弟子が集めたものです。

賀能《かのう》（藤原葛野麿）啓《もう》す。高山澹黙《こうざんたんもく》（静かでもの言わず）なれども禽獣労《きんじゅうろう》を告げずして投《いた》り帰《おもむ》く（労をいとわずに集まる）。深水言《しんすいものい》はざれども魚龍倦《ぎょりょう》むこと憚《はばか》らずして逐《お》ひ赴《おもむ》く。故《かるがゆえ》に能《よ》く西羌《せいきょう》（西方の蛮族）険《けわ》しきに梯《かけはし》して（けわしい山を越えて）垂衣《すいい》の君（有徳の天子）に貢《こう》す、南裔《なんえい》（中国の南方）深きに航《ふなわた》しして刑厝《けいそ》の帝《てい》（有徳の君子）に献《けん》ず。誠《まこと》に是れ明《あきら》かに艱難《かんなん》の身を亡《ほろぼ》すことを知れども（山を越え海を渡る危険は、時に身をほろぼすことを知っているが）、然《しか》れども猶命《なおめい》を徳化《とくか》の遠く及ぶに忘るる者（生命を捨てることを忘れて、遠くから天子の有徳を慕ってやってくる者）なり。

なるほど、すごい名文です。わたしなど、注釈なしではとても読めません。注釈は『三教指帰・性霊集』（『日本古典文学大系71』岩波書店）によりました。空海は、こんな名文・美文をすらすらと書けるのです。しかも海岸の湿った砂の上でです。福州の観察使が受け取って、びっくりしたのは無理もありません。

その結果、観察使は、遣唐使一行のためにさまざまな便宜をはかってくれるようになりました。長安《ちょうあん》の都に連絡をとり、やがて入京が許されたのです。

〈よかった！〉

と、誰だって思いますね。しかし、そういう歴史の読み方が危険です。たぶん大使も、「空海よ、よくやってくれた」と、口では感謝の辞を述べたでしょう。だが、腹の底では、

〈それなら空海よ、もっと早くに〝わたしがやりましょう〟と申し出ないのだ?!〉

と、煮え返る懐《おも》いでいたでしょう。だって、大使たる者が書いた文章が、読まずにポイっと捨てられたのです。そこに一介の留学生の書いたものが、観察使を感動させた。これが恨まずにおられましょうか。

もちろん、これは大使の逆恨み、筋違いの恨みです。留学生が外交問題にしゃしゃり出るわ

けにはいきません。傍観しているよりほかないのです。そして、命じられたらその仕事をやる。それだけのことです。そしてそのことは、大使自身がよく知っています。でも、やはり空海の態度は、どこかカチンと来たでしょうね。

空海の人間性を見るとき、われわれはこのことを忘れてはなりません。目上の人間が窮地に立っているとき、空海は我関《われ》せず焉《えん》と傍観している癖があります。そういう生き方もありますが、それが誤解されることもままあります。

ともかく空海はそういう人間でした。その評価は読者におまかせします。

▼そう言って逃げるなんて、ちょっとずるいですよ。ひろさん自身はどう思っているのですか?

わたし自身は、空海の生き方が好きです。できれば空海的密教人間の生き方をしたいと思っています。けれども、よほどの実力がないと、空海的生き方はできません。わたしなんか、つい周囲の人間のことが気になります。そういうわたしには、空海的生き方は無理だと諦めています。

遣唐使一行が長安に入る

遣唐使の一行に、長安の都に入る許可が出たのは十一月三日でした。新年までに残された期日は二か月を切っています。福州から長安まで二千四百キロです。割り算をすれば、一日約五十キロの旅をせねばならない計算になります。

そもそも遣唐使の任務は、唐の朝廷で行われる正月の儀式に、日本代表として出席することです。そして皇帝に祝辞を述べます。だから遅参は許されないのです。

一行は昼夜兼行の強行軍で、十二月二十一日に長楽駅《ちょうらくえき》に着きました。そこで旅装を整え、二十三日に長安に入ります。その翌日に貢物を朝廷に献上し、二十五日に天子に謁見しました。まことにあわただしい日程です。

ところで、じつをいえばこの長安に上京する一行のうちに、最初は空海の名前がありませんでした。当時の遣唐使は、中国に着くと、あとは中国政府の丸抱えです。なぜ空海が上京を許されなかったか？　学者はあれこれ推測しています。その一つは、空海の才能に惚れ込んだ福州の観察使が、彼をそのまま福州に留め置きたかったとするものです。わたしも昔は、きっと大使の意地悪に違いないと思いました。

でも、いまではこう考えています。大使を中心とする遣唐使一行と、留学生は目的が違います。大使一行は外交官ですが、留学生は中国の地で勉学に励むのです。なにもわざわざ都の長安に行く必要はありません。だから上京するメンバーに空海が入っていなかったのです。

たとえば、第二船の最澄です。第二船は九月一日に明州の寧波《ニンポー》府に着き、十一月十五日には長安に着いて、そこで大使の一行を待っています。ところが最澄は、寧波に着くとさっさと別行動をとり、天台山に行っています。最澄は外交官ではないから、長安に行く必要がなかったのです。

空海の場合も、なにも長安に行く必要はなかったはずです。

しかし空海その人は、長安に行きたいと考えました。なぜ長安に行きたいと思ったか。その理由はあとで書きます。ともかく空海は、

――福州の観察使に請《こ》ふて入京《じっけい》する啓《けい》――

といった文書を認め、急いで観察使に提出しました。

その結果、空海も遣唐使一行に加えられ、長安に行くことができたのです。

インド行きを考えた空海

では、このあとはもっぱら空海の足跡を追いかけることにします。というのは、長安の都に入った遣唐使の一行は、宿舎である宣陽房に滞在しました。空海もここに滞在しています。しかし、延暦二十四年（八〇五）二月十日、遣唐使一行は長安を出発して帰国の途につきます。残った空海は、留学生の宿舎である西明寺に移りました。なお、もう一人の留学生である橘 逸勢《たちばなのはやなり》も、空海と行動をともにしていました。

さあ、そこで空海は、早速に長安の青龍寺《せいりゆうじ》の恵果和尚を訪ねて行った、と普通はそうなります。なぜなら、恵果は当時にあって密教の第一人者です。その名は日本にまで伝わってきています。空海が密教を学びたいのであれば、恵果に師事するほかありません。

しかし、空海はそうしません。

空海は、長安の都を隅から隅まで歩きまわっています。長安は国際都市です。そこにはネストリウス派（異端とされたキリスト教の一派。中国では景教と呼ばれた）やマニ教、拝火教の寺院、礼拝所がありました。知的好奇心の旺盛な空海は、それらにずかずかと入りこんでは、あれこれ質問をしています。

また空海は、北インド出身の般若《はんにゃ》三蔵および牟尼室利《むにしり》三蔵について、サンスクリット語やインド哲学を学んでいます。

なぜでしょうか……？

わたしの勝手な想像ですが、空海はインドに行くことを考えていたのだと思います。密教を学ぶのであれば、本場のインドに行くのがいちばんです。だから空海は、そのためにサンスクリット語（梵語《ぼんご》）を学びました。サンスクリット語は、釈迦が使っておられた言葉です。しかし、近年になって、釈迦はサンスクリット語ではなく、当時のマガダ地方で使われていた俗語を喋っておられたことが明らかになりました。でも、それは最新の歴史学によるもので、古い時代は釈迦はサンスクリット語を使っておられたというのが常識でした。それで空海は、インド人からサンスクリット語を学んだのです。

それ故、中国における密教の第一人者である恵果を訪ねて行かなかったのです。わたしはそう想像しています。

けれども人によっては、これを空海のわざとらしい作戦と見る人もいます。空海が時間稼ぎをしながら、恵果を焦《じ》らせていたのだとするのです。昔、読んだ司馬遼太郎の『空海の風景』にも、そういう想像が書かれています。恵果のほうで、最近とみに評判の高い空海がいつ来るか、鶴首《かくしゅ》して待っているように演出したのだ、とするのです。

だが、のちの空海はたしかに大物です。でも、この段階での空海はたんなる留学生です。いくら時間稼ぎをしても、空海の評判が高まるわけがありません。それよりも、空海はインドに行きたかったので、その準備をしていたと見るほうがよいでしょう。中国人の恵果からわざわざ教わる必要がなかったのです。

では、その空海が、なぜインド行きをとりやめたか？　こんどはそれが問題です。

梵我一如

すでに述べましたが、空海はインド人の般若三蔵と牟尼室利三蔵についてサンスクリット語とインド哲学を学んでいました。インド哲学というのは、婆羅門《ばらもん》教の哲学です。

その婆羅門教の哲学の要諦は、

――ブラフマン・アートマン同一説（梵我《ぼんが》一如《いちによ》）――

です。ブラフマン（梵）というのは、宇宙原理です。そしてアートマン（我）は個人原理。宇宙原理と個人原理が同一であるというのが、古代の婆羅門教の聖典である『ウパニシャッド』に説かれています。

これは、ある意味ではあたりまえの話なんです。わたしたち個々人を構成する元素は、大宇宙に存在している元素とまったく同じです。また、わたしたちが死ねば、わたしたちを構成していた元素は、すべて大宇宙に発散します。わたしたちは小さな宇宙にほかならないのです。

ここでちょっと意外に思われるかもしれませんが、室町時代の禅僧の一休禅師（一三九四―一四八一）の言葉を紹介します。

《借用申す昨月昨日

返却申す今月今日

借り置きし五つのものを四つかえし

本来空にいまぞもとづく》

一説によると、これは一休の辞世の句とされています。「借り置きし五つのもの」とは、地《ち》・水《すい》・火《か》・風《ふう》・空《くう》です。このうちの地・水・火・風は四大《しだい》と呼ばれています。四つの元素です。古代インド人は、人間の身体は四大でもって構成され、病気はそれらが不調になったときに起きると考えました。そこで病気の状態を〝四大不調〟というのです。

一休は、この四大を仏から借りているとして、死ぬときにこの四大を仏にお返しして、本来の空に戻ると考えました。その仏を梵＝ブラフマン＝宇宙原理とすれば、わたしたち人間は四大（宇宙の元素）で構成されているのだから、人間＝アートマン＝我はまったくブラフマンと同一です。古代のインド哲学をそのように考えると、「ブラフマン・アートマン同一説」がうまく説明できるように思われます。

いや、なにも一休を登場させる必要はありません。空海自身が後年、『即身成仏義《そくしんじょうぶつぎ》』の中で言っています。

六大無礙《ろくだいむげ》にして常に瑜伽《ゆが》なり。

〝六大〟というのは、地・水・火・風・空・識の六つの元素（構成要素）です。古代のインド人は地・水・火・風の四つの構成要素（四大）を考えましたが、仏教では一休のようにそこに空を加えて五大にし、密教ではさらに識（精神的要素）を加えて六大にします。そしてこの六大が自由自在に融通して障《さわ》りがなく、しかも瑜伽（統一）され、一如になっていると空海は言うのです。まさに「梵我一如」「仏凡一如」であり、あるいは現代的表現でもってすれば、マクロコスモスとミクロコスモスの一致・調和にほかなりません。

ともあれ空海は、唐の都の長安において、インド人から婆羅門教哲学の「梵我一如」を教わったとき、

〈これこそが密教の要諦である！〉

と確信しました。密教においては仏は大日如来であり、大日如来こそ大宇宙の統轄者《とうかつしゃ》であり、宇宙原理にほかなりません。そしてわれわれ個々の人間は、大日如来の子どもとしてこの世に生きているわけです。子どもであるから、親とまったく同じ存在です。もちろんわれわれは赤ん坊であり、失敗ばかりしています。しかし、失敗しながら成長していくわけです。

そこで、これをわれわれは名づけて、

——仏凡一如——

と呼ぶことにしましょう。仏は大日如来であり、大宇宙の原理です。それに対してわれわれは凡夫であり、赤ん坊にすぎません。けれども、その本質においては「大日如来・凡夫同一説」になるわけです。

空海はそこに気づいたのです。

仏をまねて生きる

▼なるほど、それが第1章において解説された、空海の「密教とは何か?」になるわけですね。

そうです。その通りです。したがって、

——仏凡一如（凡夫といえども、仏の実子である）——

に開眼した空海は、

——仏をまねて生きる——

という生き方に特化しました。一般の仏教（顕教）は、仏になろうとして努力します。凡夫は仏ではない。だから、仏ではない自己——凡夫である自己——を否定して、仏になるための修行を積まねばならない。普通、人は、そのような「修行の仏教」を考えます。ところが空海は、われわれはすでに仏である。仏であるといっても、幼稚な、赤ん坊の仏なんですが、仏であるからそのまま仏として育てばよいと考えました。赤ん坊はみんなおとなのまねをして育ちますね。そういうまねをしていればよいのです。まねをしていると、いつのまにか仏になれる——というのではありません。まねをしているだけでよいのです。空海はそこに気づいたのでした。

▼たとえば歌や踊りなどの芸事においても、弟子は師匠のまねをします。そうするといつのまにか芸事において上達する。その上達することが大事なのではありませんか。

普通はそのように考えられています。しかしそれだと、上達することが目的となり、そのための手段（方便）としてまねがあるわけです。ですが第1章でも指摘しましたように（二九ページ参照）、『大日経』は、

《菩提心を因と為し、大悲を根と為し、方便を究竟と為す》

と言っています。仏のまねをすることが方便であり、その方便（まね）が絶対なんです。別に上達する必要はありません。ただまねをしているだけでよいのです。空海はそこに気づいたわけです。

それから、まねといえば現代日本人にはあまり印象はよくありません。わたしたちは、「人のまねをしてはいけません」と教わってきました。しかし、『岩波 古語辞典』によると、次のように解説されています。

《**まなび**【学び】……《マネ（真似）と同根。主に漢文訓読体で使う語。教えられる通りまねて、習得する意。類義語ナラヒは、繰り返し練習をすることによって身につける意。……》①（師や書物に）教えられるままに習得する。……②そっくりまねる。……》

《**まね**【真似】……《マネビ（学）と同根》そっくり似せた動作。様子。……》

《**まねび**【学び】……《マネ（真似）と同根。興味や関心の対象となるものを、そっくりそのまま、真似て再現する意》①（相手の言ったことを）そっくりそのまま言う。口まねをする。……②見聞きしたことをそのまま人に語り告げる。……③教えを受ける。……》

つまり、日本語においては、「学ぶ」ことは「まねをする」ことであり、「まねる」ことが「学ぶ」ことなんです。空海の考え方はこれにもとづいています。

これまでわたしたちは、仏教とは「仏になるための教え」だと思ってきましたが、空海によると、仏教とは「仏をまねて生きる教え」なんです。それが空海の密教（真言密教）の特色なんです。

空海が恵果を訪ねる

かくて空海は、密教に開眼しました。密教の何たるかが分かったのです。

そうすると空海は、インドに行く必要がなくなりました。

密教の「本質」さえ攫《つか》めれば、あとはテクニック（技術）の問題です。印をどのように結ぶか、真言の唱え方とか、そういうことはわざわざインドに行かずとも、中国においても学ぶことができます。

中国には、前にも触れましたが（三五ページ）恵果《けいか》という大物がいます。彼は、インド人の不空《ふくう》（三五ページ）から金剛頂経《こんごうちょうきょう》系の密教を、また、これもインド人である善無畏《ぜんむい》（四八ページ）の弟子である玄超《げんちょう》から大日経系の密教を学びました。それ故、金剛界と胎蔵の両部の密教の総合者と目されています。

空海は、そこで青龍寺にいるこの恵果阿闍梨《あじゃり》を訪ねて行きました。〝阿闍梨〟とはサンスクリット語の〝アーチャールヤ〟を音訳したもので、師匠を意味します。

空海が青龍寺の門を叩いたのは、延暦二十四年（八〇五）の五月下旬か六月上旬です。空海が長安に入ってから、約五か月後のことです。わたしはその理由を、空海はインド行きを考えていたためと見ますが、ほとんどの学者はそうは見ていません。恵果を焦《じ》らせて待たせていたのだとする学者が多いようです。空海がいきなり恵果を訪ねて行っても、門前払いを食らわされるかもしれません。だから恵果のほうで、空海の来訪を鶴首して待つように「演出」したのだというのです。たった五か月で、空海の名声がそのように高まるものでしょうか。わたしは自分の説のほうが当たっていると思っています。

たしかに、空海が唐より帰朝した直後、みずから請来した品々を目録として朝廷に奉った『御請来目録』には、空海を見た恵果が、

和尚たちまちに見て笑《えみ》を含み、喜歓して告げていはく、「我、先《まえ》より汝《なんじ》が来ることを知りて、相待つこと久し。今日相見ること大いに好《よ》し、大いに好し。……（中略）……」と。

［恵果和尚はわたしに会うと、にっこり笑って言った。「わたしはそなたの来るのを久しく待っていた。今日、会うことができた。いいことだ、いいことだ」］

と言ったとあります。これで見ると、恵果は空海の来訪を鶴首して待っていたようです。だが、これは、空海と恵果が出会った瞬間ではなく、二、三日じっくり話し合ったのちの会話ではなかったでしょうか。少し話し合えば相手がどれぐらいの人物か見抜くことができます。その結果、恵果は、空海の大物ぶりを認めたのです。

それから、恵果の許《もと》には、東アジアの各地から多くの弟子が集まっていました。インドネシアや朝鮮半島、あるいはチベットからも来た弟子がいます。したがって恵果は、日本からも誰か来ないかと待っていたのです。そこへ密教の「本質」を得た空海がやって来た。それで恵果は喜んだのだと思います。

恵果阿闍梨に師事する空海

すでに述べたように、空海が恵果を訪ねて行ったのは延暦二十四年(八〇五)の五月下旬から六月上旬のころです。そこで恵果は空海に、

六月十三日に……胎蔵の灌頂《かんじょう》を、

七月上旬には……金剛界の灌頂を、

授けています。〝灌頂〟というのは、密教における入門式だと思ってください。いささか異例のスピードです。

それよりも驚いたことには、空海は、

八月十日に……阿闍梨位の伝法灌頂を、

受けました。阿闍梨位とは、師匠になることです。ということは、卒業証書を授与されたわけです。わずか二か月で、空海は恵果からすべてを学びとったのです。いかに空海が天才であったか、これでもって証明されるでしょう。

そして、これもわたしの勝手な想像ですが、師の恵果と弟子の空海は通常の意味での師弟関係ではなく、空海が密教の教相（本質）を語り、恵果が空海に事相（テクニック）を教える、というような関係であったと思われます。そこのところを、ちょっと小説的に描いてみましょう。

恵果「よいかな、密教には身《しん》・口《く》・意《い》の三密加持というのがある」

空海「加持ですか……。〝加〟というのは、大日如来のほうからわたしたちに大きな力を加えてくださるのです。わたしたちはそれを受けとめるだけ、じっと保持しているだけでよいのです」

恵果「その通りじゃ。そこでまず身密じゃが、行者はまず身密である印契《いんげい》を結ばねばならぬ。

印契は印ともいう」

空海「密教というのは、われわれ凡夫が仏のまねをして生きる、そういう生き方を教えた仏教です。仏になるために修行するのではなく、われわれは仏の子どもなんですから、ただ仏をまねるだけでよいのです。

しかしながら、大日如来は宇宙の仏であって、時間と空間を超越しており、われわれの目に見える存在ではありません。われわれ凡夫の行動であれば、その行動は目に見えるから、それを〝業《ごう》〟といいます。けれども大日如来のそれは目に見えないから、それは〝密〟になります」

恵果「なるほどのう……。われわれ凡夫のは〝身業〟であって、大日如来のそれは〝身密〟になるわけか……」

空海「そうです。大日如来の身密はわれわれの目には見えないから、それを印相・印契・印でもって代表させるのです。印相は如来の身密を象徴的に表現したものです。われわれは印を結ぶことによって、そこを入口として大日如来の身密と合一するのです」

恵果「よく分かった。そこでその印相であるが、印母《いんも》となる印相には、六種拳《りくしゅけん》と十二合掌がある……」

そして恵果は、印の結び方を空海に細かく指導します。印相のうちには、公開されずに師から弟子へと極秘に伝えられるものもあります。だから文献では学べません。空海は恵果阿闍梨から教わるよりほかありません。その点では、空海は恵果の弟子です。

しかし、そのあとは再び教える側が交替します。

恵果「次は真言・陀羅尼であるが……」

空海「真言・陀羅尼は、口密に属します。これは大日如来の語られる言葉です。われわれは真言を唱えることによって、如来の口密と合一できるのです。したがって、これは漢語に訳さずに、梵語のまま唱える必要があります。それを訳せば、口密ではなく、凡夫の口業になってしまいます」

恵果「なるほど、それはその通りじゃ。そこでまず大日如来の真言であるが、金剛界の場合は、それは〝おんばざらだとばん〟である……」

そして恵果が、さまざまな真言を空海に伝授します。これは、教わったままを暗記するよりほかありません。

恵果と空海のあいだでは、そのような伝授風景が展開されていたと思われます。これじゃあ、どちらが師であるか、ちょっと分かりませんよね。

師の恵果の遺言

ともあれ空海は、恵果から吸収できるものをすべて吸収し尽くしました。恵果は弟子に、与えられるもののすべてを与えたのです。

優秀なる弟子に、すべてを伝授した安心感からでしょうか、その年の十二月十五日に恵果は寂《じゃく》しました。享年は六十。

わずか半年間ばかりの師弟関係でした。

もしも空海が恵果を訪ねるのがもう少し遅かったら、このような師弟関係はなかったでしょう。日本の仏教のために、二人の出会いはラッキーでした。

さて、師の恵果は、入寂の直前に弟子の空海に次のように語ったそうです。これは、空海が帰朝して朝廷に提出した報告書である『御請来目録』にある記述です。自分が朝廷に提出した報告書に〝御〟をつけるなんておかしいですね。本来は『請来目録』でいいはずですが、真言宗の宗門においては『御請来目録』と呼び慣《なら》わされています。以下は原文は省略して、『弘法大師空海全集』（第二巻、筑摩書房）の真保龍敞《しんぽりゅうしょう》の訳文によって紹介します。

恵果和尚が私に次のように言いました。

「私は昔、たれ髪で歯のぬけ変わるころ、初めて不空三蔵に会った。三蔵は私を一目みてから、ひたすらわが子のように可愛がってくれた。実家に行くときも、寺に帰っても、影のように私に離れなかった。ひそかに私に次のように言った。『おまえは密教の器《うつわ》だ、努力しなさい、努力しなさい』と。両部の大法と秘密の印契《いんげい》は、こうして学び得た。他の弟子、或いは出家したもの、或いは在俗のものも、一部の大法を学んだり、一尊一契を得たものはいたが、両部にわたり、兼ねつらぬいて得た者はいない。

師の恩の山よりも高く、海よりも深いのに報いたいが、夏の空のように高く極まりがない。今、この世の縁も尽きようとしていて、久しく留まることはできない。よろしくこの両部の大曼荼羅と、百余部の金剛乗の法と、不空三蔵から転じて付嘱された物と、供養の法具などを本国に持ち帰って、教えを国中にひろめて欲しいのです。ただわずかにそなたが来たのをみて、寿命の足らないことを恐れていました。しかし、今、ここに法を授けることができました。写経や造像の作業も終了したので、早く本国に帰って、この教えを国家に奉呈し、天下にひろめて、人びとの幸せを増すようにしなさい。そうすれば、国中平和で、万人の生きる喜びも深くなるでしょう。

これこそ仏の恩に報い、師の徳に報いることであり、国のためには忠、家には孝となるのです。

義明供奉《ぎみょうぐぶ》はこの国に教えを伝えよう。そなたはさあ帰ってこの教えを東国（日本）に伝えなさい。一所懸命つとめなさい」と。

付法は誠に慇懃《いんぎん》に、こうして遺誨《ゆいかい》もおわりました。（恵果和尚は）去年十二月十五日、蘭の香も芳しい湯に垢《あか》を洗い清め、手に毘盧遮那《びるしゃな》の法印を結んで、右脇に体を横たえてなくなりました。この日の夜、道場において冥福を念じていると、恵果和尚がさながらに私の前に立って次のように告げました。「わたしとそなたとは久しい契《ちぎ》りと約束があって、密教を弘めることを誓い合ったので、わたしは東国（日本）に生まれ変わって必ずそなたの弟子となろう」と。

くわしい言葉は、これ以上は煩わしく述べませんが、恵果阿闍梨からの付嘱と受法の由《よし》はだいたいこのようなものでありました。

だいぶ長い引用になりました。が、これで、恵果がいかに空海を信頼していたかが分かります。文中に出てくる義明供奉は、恵果の中国人の弟子です。中国への密教の広宣流布は、中国人の義明にまかせる。空海よ、おまえは日本に密教を伝えよ。恵果は空海にそう託したのです。

もっとも、これは、空海が定められた留学期間を満了せず、途中で日本に帰国した言い訳と読むことができます。しかし、師の恵果から、日本への密教の広宣流布を託されたことはまちがいないでしょう。わたしはそう信じています。

そして、恵果は入寂しました。

その翌年、大同元年（八〇六）正月十七日に、空海が故恵果阿闍梨の碑文を撰《せん》しました。恵果の弟子は千人以上もいました。その中で、いちばん最後に、しかも異国から来た弟子が選ばれて、恩師の追悼の文を起草し、揮毫《きごう》したのです。いかに空海が優《すぐ》れた弟子であったか、これでもって証明されるでしょう。

第4章

帰って来た空海

唐を去る空海

空海は日本への帰国を考えました。師の恵果の遺言もあるし、なによりも一刻も早く、密教を日本に伝えたかったのです。その密教は、ある意味で空海が独自に完成させた仏教です。

ここのところが、密教人間＝空海の面目なんだと思われますが、彼が帰国を考えたとたん、状況はそのように動きます。すなわち、延暦二十五年（八〇六）の正月に、遣唐判官の高階遠《たかしなとお》成《なり》が唐の都の長安にやって来たのです。まるで空海を迎えに来たかのようです。

空海の在唐がわずか二年ばかりでしたので、わたしは、中国の元号を使わず日本の元号で通しています。ところで、この延暦二十五年の五月十八日には改元があり、大同元年になりました。したがって、本によってはこの年を大同元年にしていますが、この段階ではまだ延暦二十五年です。しかし、空海が中国を出航したのは八月であり、日本に着いたのは十月ですから、それは大同元年になります。元号というのはややこしいものですね。

それはともかく、空海は留学生《るがくしよう》です。留学生は二十年間、中国の地にとどまって、中国の文化を学んで帰る義務があります。にもかかわらず、たった二年で中国から帰るなんて、約束違反もはなはだしい。しかし、それについてはあとで考察することにします。

ともあれ空海は、遣唐判官の高階遠成に帰国の嘆願書を提出しました。と同時に、彼と一緒に中国に渡った橘 逸勢《たちばなのはやなり》の嘆願書も代筆してやります。他人の書信を代筆するのは、空海がよくやることです。空海はすぐにお節介をやきたがるのですね。橘逸勢は、あまり中国語ができないので、日本に帰りたいと思っていたようです。

その嘆願書が受理されて、空海と橘逸勢の二人は、延暦二十五年の二月下旬に長安を出発し、四月に越州に着きました。

空海はすでに長安において、三百巻の経典論書を入手していました。いったいその費用は誰が出したのでしょうか。一冊の経典を手に入れるといっても、現代のように印刷されたものを購入するわけではありません。自分で写経するのも一つの方法ですが、それだと数多くの経典を写せません。誰か漢文のよくできる者を雇って写経するよりほかないのです。だから莫大な費用がかかります。この費用の出所《でどころ》については、いろんな説がありますが、まあ一種の謎にしておきましょう。

そして越州においても、空海は精力的に文献を募集しています。彼が集めた文献は、仏教書ばかりではありません。工学・医学・論理学など、まことに広範囲に及んでいます。彼の関心の広さを証明するものです。

そのあと、空海は越州から明州に移動し、そこで日本への船に乗船しています。たぶん空海を乗せた船は八月の下旬に明州を出帆し、十月のうちに日本に着きました。詳しい日付は不明です。いずれにしても改元後の大同元年のことです。

日本に密教を伝えた最初の人は最澄

ここでやや脱線気味に、最澄について語っておきます。空海と最澄の関係に関しては、のちに詳しく述べなければなりません。それはそれとして、ここでは最澄が日本に密教を将来した最初の人であったことを指摘しておきたいのです。

ところで空海は、明州《みんしゅう》の寧波《ニンポー》で帰国の船に乗る前の三、四か月間、すでに述べたように越州にいました。そして、ここのところは推測がまじりますが、この越州において龍興寺の順暁《じゅんぎょう》に会ったと思われます。順暁は例の不空の弟子で、空海が師事した恵果も不空の弟子です。ですから恵果と順暁は兄弟弟子です。

空海が越州の順暁に会ったかどうか、文献的には確かめようがないのですが、のちに空海のライヴァルとなる最澄は、ほぼ一年前の四月にこの順暁に会っています。こちらのほうは疑いようのない事実です。

そもそも還学生《げんがくしょう》であった最澄は、船が中国に着くと、長安には行かずにさっさと天台山に向かいました。天台山において天台教学を学ぶためです。じつをいえば、天台教学は当時としてはやや流行遅れの仏教学なんですが、まじめな最澄にとっては、仏教イコール天台教学であって、それだけしか眼中にありません。

ところがその最澄が、天台山から帰って、帰国の船を待つあいだに、越州において順暁から密教の灌頂を受けたのです。これが、ある意味で彼の運命を狂わせることになります。というのは、最澄は延暦二十四年（八〇五）六月に日本に帰り、七月には朝廷に復命しています。最澄を送り出した桓武天皇は喜んで彼を迎えました。

だが、桓武天皇は、最澄の主要関心事である天台教学はそっちのけで、最澄がほんの付けたり的に学んできた密教に魅力を感じたのです。というのは、桓武天皇はそのころ病気が重く、また早良《さわら》親王の怨霊に悩まされていたからです。早良親王は桓武天皇の同母弟ですが、藤原種継《ふじわらのたねつぐ》暗殺事件に連座して、延暦四年（七八五）に皇太子を廃され、淡路に流される途中に絶食して没しました。桓武天皇はその怨霊に悩んでいたのです。それで天皇は、最澄の持ち帰った密教の呪法《じゆほう》に関心を寄せ、灌頂をやれと命じました。まじめ人間の最澄は、自分が持ち帰った密教が不完全なものであることをよく知っています。しかし、勅命であるから最澄は従わざるを得ません。それで延暦二十四年九月一日に、和気《わけ》氏の氏寺である高雄山寺《たかおさんじ》において、最澄を阿闍梨とするわが国最初の灌頂が行われました。

わたしがここで強調しておきたいことは、わが国で最初の密教の儀式を行ったのは、空海ではなく最澄であったということです。最澄にとってそれは不本意であったかもしれませんが、事実は事実で否定すべくもありません。

それから、翌年の延暦二十五年正月に、天台宗に二人の年分度者《ねんぶんどしゃ》が置かれました。年分度者というのは、その年に出家できる僧の定員数です。それまでは奈良の六宗に全定員が割り振られていたのを、枠を増やして天台宗に二名が許されたのです。それはよかったのですが、最澄が望む天台教学を学ぶ者は一名で、残りの一名は遮那業《しゃなごう》、つまり密教を学ぶ者になりました。

これは、最澄にとってとても残念なことでした。普通であれば、密教は自分の専門でないから、まあお茶を濁す程度にやっておけばいいと考えるところですが、まじめ人間の最澄は、それは勅命であるから、なんとか自分もしっかりと密教を学ばねばならないと考えました。そこのところにまじめ人間の悲劇があります。それがのちに空海との人間関係に大きな影響を与えることになるわけです。

死罪、死罪

それはともかく、空海に話を戻しましょう。

帰国した空海は、大同元年（八〇六）十月二十二日付で『御請来目録』を朝廷に提出しました。一緒に帰国した遣唐判官の高階遠成が上京するので、彼に託したのです。空海自身は、筑《つく》紫《し》で朝廷からの沙汰《さた》を待っています。

その『御請来目録』の最初にこうあります。

空海、闕期《けつご》の罪死して余ありといへども、竊《ひそか》に喜ぶ、難得《えがたき》の法生きて請来せることを。
一懼《いっく》一喜《いっき》の至りに任《た》へず。

［空海、二十年の留学期間を満了しなかった罪は、死しても余りありますが、ひそかに喜んでおりますのは、得がたき法を生きて請来したことです。それ故、一方ではおそれ、一方では喜んでおります］

どうやら多くの研究者は、この文章を文字通りに受け取っているようです。つまり、空海が留学期間を満了せずに帰国したことを、死罪に相当するかのように思っているのです。だとすれば、空海を連れて帰った遣唐判官の責任はどうなるのですか？　死罪に相当する人物を、判官が連れ帰ることはありません。もしもそうなら、「おまえはここに残れ！」と言うはずです。

じつは、中国語はちょっと大袈裟な表現をする言語です。例の〝白髪三千丈〟ですね。昔読んだ本の中に、

《いずれの社会にも、独特の礼儀作法がある。それは他の社会から見れば、大げさであったり、偽善的であったり、滑稽《こっけい》であったりするかもしれない。わかりやすい例を挙《あ》げれば、中国伝統の〝叩頭跪拝《こうとうきはい》〟を日本人がはじめて見ると、〝へえ?!〟という感じになるだろう。中国人は、〝叩頭、叩頭〟（コウトウ、コウトウ）という。〝死罪、死罪〟（スーツイ、スーツイ）ともいう。前者は〝おそれいります〟、後者は〝申しわけありません〟の意味である》（金山宣夫《かなやまのぶお》『世界20カ国 ノンバーバル事典』研究社）

とありました。だとすれば、空海の文章も、

「二十年のところを二年で切り上げて帰ってきました。申し訳ありません。でも、二十年分以上の価値ある品々を持ち帰りました。ご報告申し上げます」

といったところになるでしょう。どうも漢文というのは、文字通りに読むのは危険ですよね。

空海、山を徘徊する

たしかに空海は、すばらしい物を持ち帰りました。しかし、問題は、それを誰が評価するか、

です。よほどの識見がないと、それを正しく評価できません。

それからもう一つ、空海の処遇の問題があります。これは処分、処罰の問題ではありません。二十年の期間を満了して帰国すれば、朝廷は空海に相当のポストを与えることができます。しかし、彼は突然に帰って来たのですから、朝廷は彼をどう処遇すればよいか、困ってしまいます。

だから、時間がかかるのです。

そこで空海は、帰国して半年ばかりは筑紫にいたようですが、あまり沙汰がないもので、勝手な山歩きを始めたようです。

多くの学者は、空海は謹慎中であったと見ていますが、処分を待っての謹慎中だと、勝手な放浪は許されません。わたしは、空海はなかなか処遇が決まらないのをいいことに、自由な放浪を始めたのだと思います。

ここらあたりのところは、まったく史料がないので想像するよりほかないのですが、約二年間、空海は山から山へと徘徊《はいかい》していました。

ずっとあとのことになりますが、天長元年（八二四）四月六日に、空海は「少僧都《しょうそうず》を辞《じ》する表」を朝廷に出しています。その年の三月二十六日に空海は少僧都に任ぜられたのですが、自分はその任に耐えられる人間ではないので、辞めさせてほしいと願い出たのです。もっとも、この願い出は受理されませんでした。その文章は四五ページに引用してありますので、そこを読んでください。

そこにあるように、空海は「山林の人」なんです。山歩きが好きなんです。都会にじっとしておられません。なにせ二年間も唐の都にいたのです。その上、筑紫でじっと朝廷の沙汰を待っているなんて、空海にとって苦痛以外のなにものでもありません。だから彼は、阿波《あわ》の大滝《たいりよう》岳《のたけ》、四国最高峰の石鎚山《いしづちやま》、大和《やまと》の金峯山《きんぷせん》などを歩きまわっていたと思います。山の霊気が、じんわりと肌を通して空海の体内に染みこんできます。

そして彼は、再びパワーを回復したのです。

空海と最澄との交流

ここのところはちょっと書きにくいのですが、天台宗側の資料である『延暦寺護国縁起《えんりやくじごこくえんぎ》』によると、大同四年（八〇九）二月三日、空海が比叡山に最澄を訪ねて行って、刺《し》を投じたことになっています。〝刺を投じた〟というのは、名刺を差し出したということです。空海側の真言宗ではあまりこれを認めたくないようですが、たぶん空海のほうから最初に最澄に会いに行ったのはまちがいないと思われます。

では、空海は何のために最澄に刺を投じたのでしょうか？　大同四年二月と言えば、まだ空海の処遇が決まらず、彼が山歩きをしていたときです。それで空海は最澄に、どこか落ち着けるところを斡旋《あっせん》してくれと頼みに行ったのでしょう。その依頼を受けて最澄が動き、朝廷に働きかけて、同年の七月に空海は勅命によって京の高雄山寺《たかおさんじ》に入りました。高雄山寺は和気氏の氏寺で、和気氏は最澄と親交のあった人です。また、前にも触れた（九二ページ参照）ように、最澄がわが国で最初の灌頂をやったのもこの高雄山寺においてでした。だから空海がここに入ることができたのは、おそらく最澄の推輓《すいばん》によってでしょう。

だとすると、空海にとって最澄は恩人になります。空海が持ち帰った経典類の価値を正しく評価できるのは、最澄以外にないと思います。空海と最澄はのちにライヴァル関係になり、空海は最澄をいささか邪慳《じゃけん》に扱っています。それは恩人に対する態度とは思えません。したがって、空海のほうから最初に刺を投じたということは、真言宗側からは認めたくないことです。その気持ちは分からないでもありません。

この空海が最澄を訪ねて行った（とされる）のは大同四年二月三日ですが、同じ年の八月二十四日に、最澄が弟子の経珍《けいちん》に手紙を持たせて空海のところに行かせ、密教経典十二部五十五巻の借覧《しゃくらん》を申し出ています。これも天台宗側の資料（『伝教大師消息《でんぎょうだいししょうそく》』）によるものです。真言宗側では、これを空海と最澄との最初の交流としたいようです。つまり、最澄のほうから頭を下げて経典を借用したいと言ってきたとしたいのです。

だが、この手紙の書き出しからして、最澄が経典の借用を乞うたのは、これが最初とは思えません。というのは、手紙は挨拶抜きで、いきなり用件から始めているからです。だから、八月二十四日以前に二人の交流があったことは、まずまちがいないでしょう。とすると、大同四年二月三日に、空海のほうから最澄を訪ねて行ったとするのが、信憑性《しんぴょう》が高いでしょう。

どうも宗派争いというものは、扱いにくい問題ですね。

嵯峨天皇の庇護

ともあれ空海は、大同四年（八〇九）七月に京の高雄山寺に入りました。それからあとは、どうやら空海は追い風に乗ったようです。時代そのものが空海に有利になりました。
じつはこの年の四月に、平城《へいぜい》天皇は病気がちを理由に皇位を弟の嵯峨《さが》天皇に譲っています。元号が弘仁に改元されたのは翌年になりますが、空海が高雄山寺に入った時は、すでに嵯峨天皇の時代なのです。
ご存じのように天皇は、
桓武天皇（在位七八一―八〇六）――平城天皇（同八〇六―八〇九）――嵯峨天皇（同八〇

九―八二三)
と続きますが、桓武天皇は最澄を贔屓《ひいき》し、その桓武が亡くなったあと、最澄はやや落ち目になります。そして二十四歳で即位した若き嵯峨天皇が空海の後押しをしたのです。

桓武天皇は天皇親政型の政治家でした。そして曲がったことが大嫌いな理想主義者で、そのため家臣とのあいだに軋轢《あつれき》が生じかねません。晩年、彼が怨霊に悩まされたのもそのためです。

それに対して嵯峨天皇は文化人でした。政治のことは摂政の藤原家にまかせて、自分は書道などの文化的な面に意欲をそそぎました。そして、新しいものが大好きな性格。だから、新しい仏教である密教と、さまざまな中国の先進文明の品物を持ち帰った空海とは、いわゆる馬が合ったのです。

なお、空海と嵯峨天皇は、年齢差が十二です。もちろん、空海のほうが年長です。

じつは、空海と嵯峨天皇を結び付けたものに、薬子《くすこ》の変があります。嵯峨天皇が即位した翌年、弘仁元年(八一〇)に起きたものです。平城天皇の寵が厚かった藤原薬子が、平城上皇の重祚《じゅうそ》を画策したクーデターだったのですが、それが鎮圧されたあと、空海は嵯峨天皇に、高雄山寺において護国のための護摩《ごま》を焚《た》きたいと願い出ました。政情不安定なときに、自分が持ち帰った密教によって、世の鎮めをしたいというのです。願い出たのは弘仁元年の十月二十七日ですが、勅許を得て鎮護国家の密教の修法が実修されたのは十一月一日からでした。

これを契機として、二人の親交が始まりました。

『経国集《けいこくしゅう》』（巻第十）に嵯峨天皇がつくった詩があります。「海公《かいこう》とともに茶を飲んで山に帰るを送る」と題されています。〝海公〟とはもちろん空海のことです。

《道俗相分かれて数年を経《へ》たり
　今秋、晤《あ》ひ語らふもまた良縁
　香茶を酌《く》み罷《まか》りて日ここに暮れぬ
　稽首《けいしゅ》して離れるを傷《いた》み雲烟《うんえん》を望む》

空海とは数年のあいだ会うことができなかったが、このたび会うことができたのも良縁というべきか。互いにお茶を飲んで別れたが、別れの挨拶もちょっと悲しい。そんな意味です。

そして空海のほうは、弘仁三年（八一二）六月七日に狸毛《たたげ》の筆（狸《たぬき》の毛で作った筆）四本を嵯峨帝に献じています。空海は在唐中に、筆の作り方、墨の作り方まで学んだらしいのです。そして帰朝後、その技術を人に教えて筆を作らせ、それを嵯峨帝に献じたのです。三筆の一人であった嵯峨天皇は、きっと大喜びをしたと思います。

また、『性霊集』（巻第四）には、空海がつくった「柑子《かんし》を献ずる表」があります。そのとき空海は乙訓寺《おとくにでら》にいたのですが、庭に生《な》った柑子（みかん）に詩をそえて、嵯峨天皇に献じたのです。

桃李《とうり》珍《ちん》なりと雖《いえど》も寒に耐へず
豈柑橘《あにかんきつ》の霜に遇《あ》つて美なるには如《し》かむや
星の如く玉の如し黄金《こうきん》の質なり
香味は簠簋《ふき》に実《み》つるに堪《た》へたるべし

〝簠簋〟は祭祀の供物を入れる籠です。ちょっとみかんが採れましたから、お裾《すそ》分けします、といった感覚。裏の畑でできた大根をお隣りさんに届けるといった感じです。とても高貴な人との付き合いとは思えません。まさに空海は天皇と友だち付き合いをしていたのです。

いずれにしても嵯峨帝の庇護があってこそ、空海は仏教界で活躍することができたのです。そのことだけはまちがいないと思われます。

仏教と権力との関係

「だから空海は嫌いだ。権力者に擦り寄るなんて、仏教者の風上に置けぬ」

と言う人もいるでしょう。空海を〝お大師さん〟と呼んで、空海が大好きなファンもいれば、空海を毛嫌いする人もいます。好きか／嫌いかは、それぞれの人がそれぞれに判断すればいいことです。わたしは読者に、空海を好きになれと強制しているわけではありません。ただし、古代の日本にあっては、権力者の庇護なくしては仏教者は何もできなかったことだけは知っておいてください。

まず、そもそも僧侶というのは国家公務員でした。試験に合格した者だけが僧になることができたのです。これを官僧といいます。そうではなしに自分勝手に出家した者は私度僧と呼ばれ、それが見つかれば処罰されます。なぜなら私度僧は税金を払わないからです。国家としては税金を払わぬ者は困りますよね。ただし、時代によってはだいぶ違いがあります。

そのかわり、官僧になれば、生活費のいっさいは国家が面倒を見てくれます。そういう意味では官僧はエリートでした。

じつは、日本の仏教僧とインドのそれとは根本的に違っているのです。仏教が成立した釈迦の時代の出家者といえば、文字通りに「家を出た人」であり、ホームレスであったのです。ホームレスとなって働かず、何の職業にも就かず、食べることは托鉢《たくはつ》（乞食《こつじき》）に頼っていました。仏教では〝乞食〟を〝こつじき〟と読みますが、これは〝こじき〟にほかなりません。ところが日本の僧は、古代にあっては国家公務員であり、現在においてもほとんどの出家者が所得税を払っています。ホームレスではありません。立派な寺院に住んでいます。完全に「出家者」

という職業になっているのです。

どうしてこのような違いが生じたのでしょうか？　インドにおいては太陽エネルギーに恵まれ、民衆は豊かに暮らしていました。近代になってインドがイギリスの植民地になり、イギリスから徹底的に搾取されたもので、インドは貧しい国になったのですが、それ以前のインドは裕福な国でした。

民衆が裕福であるということは、民衆が直接に僧侶に喜捨・供養できるのです。僧は民衆から布施を受けて、ホームレスであることができました。

だが日本は太陽エネルギーに恵まれていません。稲作に関していえば、太陽エネルギーの北限の地で米を作っているのです。ただしその北限は、農耕技術の発達によって時代とともに北に移って行きますが、太陽エネルギーからいえばともかくぎりぎりの土地で米を作っているのです。

ところが、太陽エネルギーには恵まれないものの、日本にはふんだんに水があります。日本の貯水量は高く、それで米が作れるのです。

しかし、大量の雨が降るということは、その治水事業が大変です。日本は山国で、山に降った雨は三、四日もすれば海に流れてしまいます。外国の河川だと、海に流れ込むまでに三、四十日以上もかかるのです。だから日本の川は滝のようなものだと誰かが言っていました。

かくて、この治水事業のために、大きな国家権力を必要とします。国家権力は民衆から剝奪して金を集め、それでもって治水事業をやるのです。そうすると、国は富裕であっても民衆は貧しいという図式になります。現在の日本の、企業は豊かでも社員は貧しいという状況に似ていますね。

それ故、民衆が直接に僧侶に寄進できません。民衆にはそれだけの余力がないからです。国家権力が僧を養うよりほかありません。それが日本の基本的な状況です。

どうでもいいことを、だいぶ長々と解説したようですが、日本の仏教は権力に依存せずしては何もできない、ということだけは分かってください。その上で、権力者に接近した空海を批判してください。空海にかぎらず最澄にしても、いやほとんどの僧が権力者からの庇護を受けていたのです。そのことを忘れないようにしてほしいのです。わたしはそう考えています。

第5章　空海のライヴァル

ライヴァルとは何か？

空海と最澄は畢生《ひっせい》のライヴァルでした。

ライヴァルと聞けば、わたしたちはすぐに競争相手・好敵手と思いますが〝ライヴァル(rival)〟の語源はラテン語の〝リーヴァーリス（rīvālis)〟であって、これは「同じ川の流れの水を使う者」です。したがって「仲間」の意なんです。昔、シェイクスピア（一五六四―一六一六）を読んでいて、〝rival〟を「好敵手」の意に解したら、どうしても意味が通じないで困ったことがあります。シェイクスピアは「仲間」の意味に使っていたのです。

けれども、同じ川の水を使っていると、どうしても利害の対立が生じます。上流に住む者が川を汚染すると、下流に住む者が困ります。それで「仲間」がいつのまにか「競争相手」になるのです。

そりゃそうですね。同じプロ野球の仲間だから、競争相手になるのです。プロ野球選手とサッカー選手は競争相手になれません。

だから、空海と最澄は、最初は仏教者として「仲間」でした。それが、二人の仏教観の違いから「競争相手」になってしまったのです。

前にも言ったように、わたしは最初は空海のほうから最澄に接近したのだと思います。最澄の助力を得て、空海は日本の仏教界に橋頭堡《きょうとうほ》を築けました。真言宗の人たちはあまり認めたくないようですが、最澄は空海にとって恩人です。わたしはそう思っています。

そして最澄のほうは、空海の助力を得て、天台宗の中に密教を確立・充実させねばなりません。それは、亡くなった桓武天皇の勅命でありました。まじめ人間の最澄は、なんとかしてそれを為し遂げようとしたのですが、結局は最澄はそれを完遂できませんでした。天台宗の密教を台密といい、真言宗の密教を東密（東寺を中心とする密教）といいますが、台密を完成させたのは、最澄の弟子の円仁《えんにん》（慈覚大師。七九四―八六四）と円珍《えんちん》（智証大師。八一四―八九一）で、最澄の没後のことです。

では、なぜ空海と最澄がライヴァル関係になったのか？　そう問われるなら、わたしは、それは二人の密教観の違いにあったと思います。

まず最澄は、仏教には大乗と小乗という根本的に違ったものがある。もちろん大乗のほうが小乗より優れた仏教です。そして、その大乗の中に顕教と密教の差があると考えていました。では、顕教と密教はどちらが優れているか？　最澄によると、二つは並列関係にあり、優劣の差はないのです。

もちろん、最澄は顕教の専門家であり、密教のほうは不得手であることをよく自覚していま

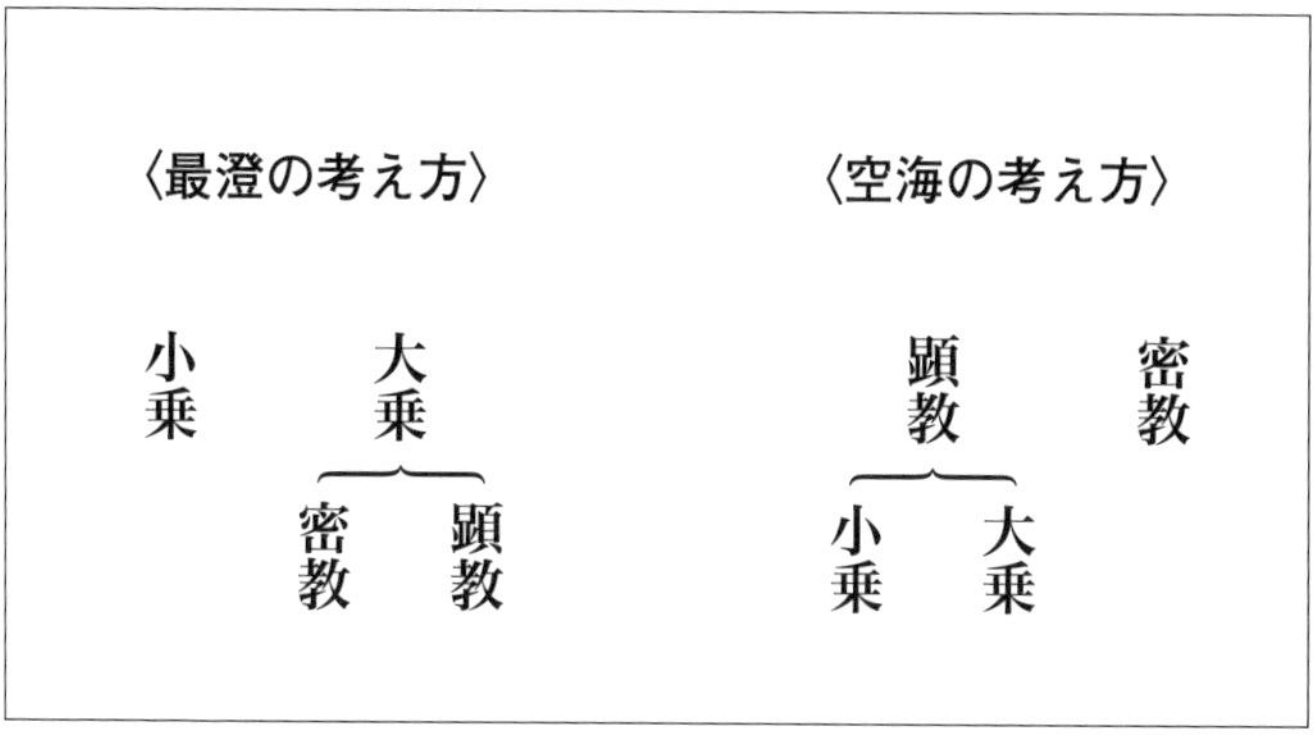

した。だから彼は、空海に密教を教わろうとしたのです。

　この最澄の考え方に対して、空海のほうはまったく違います。空海によると、仏教には密教と顕教の二つがあり、もちろん密教のほうが優れた仏教です。そして、顕教のうちに大乗と小乗の二つがあるのです。

　こんな考え方の差があっては、二人はライヴァル（競争相手）になるよりほかありませんよね。

最澄が空海の弟子となる

　しかし、二人のあいだには、当初はなんのわだかまりもありません。むしろ空海は、最澄を高く買っていました。

　そうした中で、ちょっとした事件が起こります。

　弘仁三年（八一二）十月二十七日です。この日、最澄は奈良の維摩会《ゆいまえ》に参列したあと、乙訓寺《おとくにでら》にいた空海を訪ねて、一泊しています。

空海はその前年の十一月に乙訓寺の別当に任じられています。乙訓寺は前にも述べましたが、桓武天皇の皇太子であった早良親王が幽閉され、のちに非業の死をとげた寺です。それで人々は、この寺を怨霊の寺と呼んでいました。空海をこの寺の別当に任じたのは、早良親王の鎮魂をやれということでしょう。

それで空海はだいぶ落ち込んでいました。

〈もう、自分の命もそれほど長くはない〉

と思うほどであったようです。

それで空海は、訪れた最澄にすべてを譲ってあとを託す気になったようです。

その結果、空海は最澄に灌頂《かんじょう》を受けて自分の弟子となれと言った。

もっとも、この解釈はやや最澄側に立っています。真言宗側は、最澄のほうから灌頂を受けたいと願い出たとしています。どちらの解釈が正しいか、判断は保留にします。いずれにしても、当時の天台宗の大物が、七歳も年下の空海の弟子になったのです。仏教界における大事件であったことはまちがいありません。

しかし、二人の名誉のために言っておきますが、二人にはなんのわだかまりもありません。密教は阿闍梨に就いて学ぶ必要がある。だから、「弟子になりなさい」「はい、弟子にしていただきます」――と、二人は仏法のあたりまえをやったのです。わたしはそう思っています。あっけらかんとしたものでした。

最澄が乙訓寺に一泊した翌々日の十月二十九日、空海は乙訓寺の別当を辞任して高雄山寺に戻りました。たぶん乙訓寺では灌頂をやりにくいと考えたのでしょう。

そして十一月十五日、空海は高雄山寺において最澄のほか最澄の弟子十七名と、さらに俗人三名に金剛界の結縁《けちえん》灌頂を授けました。結縁灌頂というのは、三名の俗人が加わっていることからも分かるように、正式に法を伝えるものではなく、密教と縁を結ぶための、いわば入門式に相当します。

そして一か月後の十二月十四日には、今度は胎蔵の結縁灌頂が行われました。これには、最澄のほかに、比叡山や南部の僧が二十二名、沙弥《しゃみ》（少年僧）三十七名、さらに在家信者が四十一名、童子《どうじ》（在家の年少者）四十五名が参加しています。総数で百五十名に達しようかという大掛りなものでした。

最澄が大勢の中の一人として扱われているのだから、わたしはちょっと最澄に対して気の毒な気がしますが、読者はどう思われますか？

空海は三か月、最澄は三年

しかし、ここまではまだいいのです。問題はこのあとです。結縁灌頂は、いわば入学式です。それに対して卒業式に相当するのが伝法灌頂（あるいは阿闍梨灌頂ともいいます）です。

その伝法灌頂を受けたいと、最澄は空海に願い出ました。

だが、空海は言います。

「そうだな、伝法灌頂を授けるには、少なくともあと三年はかかる」

さて、読者はどう思われますか？

〈そりゃあね、密教をマスターするには、三年ぐらいはかかるだろう。いや、三年でも短いくらいだ。一生かかっても密教を勉強し尽くせるものではない〉

そう思われる人も多いと思います。普通の素人であれば、その通りでしょう。ですが、空海の場合を考えてみてください。空海が恵果の弟子となって、阿闍梨灌頂を受けるまでに、三か月とはかかってはいないのです。空海が三か月で、最澄が三年。それだと、最澄の実力をあまりにも見くびってはいないでしょうか。

しかし最澄は、それで腹を立てるような小人物ではありません。彼は言いました。

「そうですか、三年もかかるのですか……。だが、それだと、わたしにはそんな時間がありません。わたしの弟子をあなたにお預けしますから、彼らに伝授してやってください」

たしかに最澄は一宗の主であって、法務に忙しい。密教を学ぶために三年もの時間を割《さ》くことはできない。それはその通りです。だからあなたにわたしの弟子を預けるから、その弟子を指導してやってくれ。ということで、翌年、最澄は十七名の弟子を空海の許《もと》に送り込みました。その十七名の一人に泰範《たいはん》（七七八―？）がいたことを読者は記憶しておいてください。

ともあれ、最澄側からすれば、これは分からない話ではありません。でも、空海にすれば、この態度はカチンと来ませんか。まるで、

「わたしは恋をする時間がないから、わたしの部下を代理に恋をさせる」

と宣告しているようなものです（この譬えはちょっとおかしいですね）。

これを境に、空海と最澄のあいだには隙間《すきま》風が吹くことになりました。ライヴァルが「仲間」から「好敵手」に変わったのです。

空海の老婆心

わたしは、だいぶ最澄側に立ってものを見てきました。でも、この本の主人公は空海です。ですから、これからは空海側に視座を移して、二人の関係を眺めてみましょう。

空海が最澄に教えたかったことは、要するに、

——曼荼羅《まんだら》大宇宙に飛び込め！——

ということでした。「何のために飛び込むのですか？」「飛び込んだ結果、どうなるのですか？」といったことは余計な質問です。ただ飛び込みさえすればいいのです。

ここで〝曼荼羅〟という語を解説しておきます。これはサンスクリット語の〝マンダラ maṇḍala〟を音訳したもので、〝曼陀羅〟とも表記します。サンスクリット語の〝マンダ maṇḍa〟は真髄・本質の意味で、〝ラ la〟はそれを得たものです。仏教で「本質」といえば「悟り」であり、「悟った者」「仏になった者」が曼荼羅です。だから曼荼羅とは仏の集合図だと思えば分かりやすいでしょう。

だが、ここのところが空海の考え方のユニークなところで、この世の中、この大宇宙には、仏でない存在はないのです。わたしたちが悪魔だと思っている存在も、それは本質的には仏、

大日如来であって、大日如来がわれわれに教えを説くために、かりに悪魔の姿をとって出現されているのです。

だから「曼荼羅大宇宙に飛び込め！」ということは、この宇宙を大日如来の世界と見て、わたしたちはその中でゆったりと遊んでいればいいのです。そうしているうちに大日如来からの加持《かじ》があり、わたしたちは密教人間にすくすくと成長できるのです。

いま〝加持〟といった言葉を使いましたが、これはサンスクリット語の〝アディシュターナ〟の訳語で、原語の意味は「上に立つ」です。しかし空海は、これについて独特の解釈をしています。

仏日《ぶつにち》の影、衆生の心水《しんすい》に現ずるを加《か》といひ、行者の心水、よく仏日を感ずるを持《じ》と名づく。(『即身成仏義』)

「仏といった太陽の光が、水のごとき衆生の心に現れ出るのが「加」であり、密教行者の心の水が、仏の太陽を感じるのが「持」である」

大日如来のほうからわたしたちを照らしてくれ、わたしたちはそれを感ずるだけでいいのです。それが空海の「加持」の理論です。

これは、まるで阿弥陀仏にすべてをおまかせする他力の教えを聞いているように錯覚されます。たしかに密教は、とくに空海の密教は、他力といえば他力です。汗水たらして、がんばりにがんばって修行する仏教ではありません。

しかし密教は、自力／他力といった考え方をせず、

――三力――

の思想に立脚しています。「三力」とは、行者自身に備わる「功徳力《くどくりき》」と、大日如来から加えてもらう「加持力《かじりき》」と、曼荼羅大宇宙の中で受け取ることのできる「法界力《ほっかいりき》」です。磁力の弱った磁石を大きな磁気力の中に入れると、パワーが恢復《かいふく》されます。それが「法界力」だと思えばいいでしょう。

だから空海は最澄に、

「曼荼羅大宇宙に飛び込め！　そうすれば大日如来から加持力がいただけ、曼荼羅大宇宙から法界力がいただけるんだ。そうしてあなたは密教人間になれるんだ」

と教えたのです。密教人間になれば、いつ阿闍梨灌頂を受けることができるか……などと気にすることはありません。もうすでに密教人間になっているのだから――空海流に言えば即身成仏しているのだから――、あとはゆったり、のんびり、この人生を楽しんで生きればよいの

です。それが空海の老婆心切であったと思います。

わたしに借りる必要はない

しかしながら、まじめ人間の最澄には空海の考え方が納得できません。最澄を〝まじめ人間〟と書けば、まるで空海がまじめでなかったように思われそうですが、ここは、

――顕教タイプ人間／密教タイプ人間――

とすべきですね。最澄は根っからの顕教タイプの人間です。だから空海の考え方が理解できないのです。

ここにガラスで出来た知恵の輪があるとします。天才型の空海は、すぐにその知恵の輪を外してしまいます。ところが最澄は、『知恵の輪の外し方』という本を読んで、それを外そうとします。ガラスの知恵の輪だから、下手をすると壊してしまいます。空海にすれば、最澄のやり方は危なっかしくて見ておれないのです。

「おまえさん、知恵の輪を外してから本を読むべきだ」

と忠告したいのですが、最澄にすれば外すために本を読んでいるのですから、その忠告はお

かしなものに思えます。結局は、最澄には密教（空海流の密教です）は向いていないのですね。そう言うよりほかなさそうです。

そこで問題が起きました。

最澄は十七名の弟子を空海の許《もと》に送り込んで、彼らに密教を学ばせようとしました。このことはすでに述べましたね。しかし最澄は、自分でも少しは密教を学んでおきたいと考えたらしく、『理趣釈経《りしゆしやくきよう》』をはじめとする数点の密教典籍の借覧を空海に願い出ました。

この『理趣釈経』は、密教の極意を示した密教経典である『理趣経《りしゆきよう》』の注釈書です。この『理趣経』は、最初のところに、

妙適清浄句是菩薩位。

［妙適（男女の性行為によって得られる快楽の状態）も清浄であって、これは菩薩の境地にほかならない］

といったような十七の清浄句があり、読みようによってはセックスを肯定した経典です。したがって、やや特殊な扱いをされるものです。

『理趣釈経』は、この『理趣経』に対する注釈書のうち、最も重要なものとされています。それ故、空海はこの書を秘典として、一般の真言学徒には学ばせなかったのです。それほどに大事な文献です。

この最澄からの願い出の手紙を読んで、ついに空海は怒りを爆発させました。すぐさま彼は筆を執って、最澄への返書を認《したた》めます。その返書は『性霊集』(巻第十)に収録されていますが、そのあまりにも激越な口調に、われわれは驚かざるを得ません。

「あなたは『理趣釈経』を貸せと言われるが、〝理趣〟とは「道理」のことである。では、あなたはわたしにどんな道理を貸せと言われるのか?!」

空海はそんなふうに書いています。

復次《また》に三種有《あ》り、心《しん》の理趣、仏《ぶつ》の理趣、衆生《しゅじょう》の理趣なり。若《も》し心の理趣を覓《もと》めば、汝が身中に有り。別人の身中に覓むることを用ゐず。若し仏の理趣を求めば、汝が心中に能《よ》く覚《さと》る者《もの》は即《すなわ》ち是《これ》なり。又諸仏の辺《へん》に求むべし。凡愚《ぼんぐ》の所には覓むべからず。若し衆生の理趣を覓めば、汝が心中に無量の衆生有り、其《それ》に随つて覓むべし。

[〈理趣すなわち道理にはいろいろあるが、〉また次の三つも理趣である。心の理趣、仏の理

趣、衆生の理趣だ。もし心の理趣を求めるのであれば、あなたの身体のうちにそれがある。別人のうちに求める必要がないではないか。もし仏の理趣を求めるのであれば、あなたが悟りを開くことがそれだ。諸仏のうちにそれを求めるべきであって、愚かな凡夫に求めてはいけない。もし衆生の理趣を求めるのであれば、あなたの心の中に無数の衆生がいるではないか。それを求めるとよいのだ」

空海のこの発言の前提には、『華厳経《けごんきょう》』の「夜摩《やま》天宮《てんぐう》菩薩《ぼさつ》説偈《せつげ》品《ぼん》」にある、

心仏衆生是三無《しんぶつしゅじょうぜさんむ》差《さ》別《べつ》。

「心と仏と衆生と、この三つは差別なし」

の言葉があります。『華厳経』であれば、最澄も読んで知っているはずです。だから空海は最澄に、あなたはわたしに理趣（『理趣釈経』であり、また「道理」です）を貸せと言われるが、心の道理にしろ仏の道理にしろ、また衆生の道理にしろ、すべてはあなたの心のうちにあるではないか。なにも他人のわたしに借りる必要はないではないか。と、言うのです。なかな

か辛辣な言葉ですが、空海の言っていることは正しいでしょう。

法の盗賊になるな!

要するに空海の言いたいことは、

若し汝が理趣を求めば、汝が辺《へん》に即ち有り。我が辺に求むべからず。(『性霊集』巻第十)

[もしあなたが理趣を求めたいのであれば、それはあなたの所にある。わたしの所にそれを求めてはいけない]

ということです。最澄は『理趣釈経』の借覧を願い出た。それを空海は断った。ただそれだけのことなのに、空海はそれに辛辣な言葉を加えています。

そして、追討ちをかけるがごとく、次のようにも言います。

若《も》し実《まこと》に凡《ぼん》にして求めば、仏教に随ふべし。若し仏教に随はば、必ず三昧耶《さんまや》を慎むべし。

三昧耶を越えれば伝者も受者も倶《とも》に益無かるべし。夫《そ》れ秘蔵《ひぞう》の興廃《こうはい》は唯汝《ただ》と我《われ》となり。汝、若し非法にして受け、我、若し非法にして伝へば、将来求法の人《にん》何に由《よ》つてか求道の意《こころ》を知ること得む。非法の伝授せる、是《これ》を盗法《とうほう》と名《なづ》く。即《すなわ》ち是れ仏《ほとけ》を誑《あざむ》くなり。（同前）

「もしあなたが凡夫であって、法（教え）を求めるのであれば、仏教の正しいやり方に従わねばならぬ。仏教の正しいやり方に従うということは、密教の戒である三昧耶戒を守らねばならない。三昧耶戒を破れば、法を伝える者にも受ける者にも利点がなくなる。真言密教の教えを興《おこ》すのもすたれさせるのも、あなたとわたしの双肩にかかっている。あなたが正しくないやり方で法を受け、わたしが正しくないやり方で法を伝えるなら、未来に法を求める人は、何によって仏道の真意を知ることができようか。正しくないやり方で法を伝え、受けることを、「法を盗む」という。それはすなわち仏を欺くことである」

最澄よ、そなたは仏法の盗賊になろうとするのか?! 空海はそう言っています。なにもそこまで言う必要がないと、わたしは思いますが……。

空海、最澄と決別する

さらに空海は、手紙の中でこのように続けています。いま引用した部分に続く部分です。

又秘蔵の奥旨《おうし》は文《もん》の得ることを貴しとせず。唯心《ただこころ》を以て心に伝ふるに在り。文《もん》は是れ糟《そう》粕《はく》なり、文は是れ瓦礫《がれき》なり。糟粕瓦礫を愛すれば粋実至実《すいじつしじつ》を失ふ。真《しん》を棄てて偽《ぎ》を拾ふ、愚人の法なり。（同前）

［また真言密教の教えの真髄を言葉によって摑もうとするのはよくない。それは、ただ心から心へ伝えるものだ。言葉というものは酒糟《さけかす》にすぎぬ。瓦礫にすぎぬ。酒糟や瓦礫に執着していると、真実と真髄を失ってしまう。真実を捨てて偽物を拾うのは、愚かな人のやることだ］

ある意味で、ここに密教の本質論があります。

真実は言葉によって伝えることができない。密教はそう考えます。あなたが一杯の水を飲みます。「ああ、おいしい」とあなたが言う。しかし、その言葉でもって、あなたがどれだけその水をおいしいと思ったかは、絶対に相手に伝わっていないのです。そのおいしさを伝えるには、相手にその水を飲んでもらうよりほかありません。でも、相手がその水を飲んでも、あなたが感じたおいしさと、相手が感じたおいしさが同一である保証はありません。したがって、真実は言葉によって表現できないのです。だから空海は、言葉はかすみたいなものだというのです。

だが、顕教においては言葉を重視します。さまざまな経典をつくって、それが釈迦の教えた真理だとするのです。釈迦の教えを言葉でもって伝えるよりほかないのです。

とはいえ、釈迦の悟った真理は厖大であって、とてもそのすべてを言葉にできるわけがありません。ちょうど水のおいしさを言葉にできないのと同じです。

そこで釈迦の悟った真理を、わたしたち自身が悟り、体験するよりほかありません。密教はそう考えます。

だから空海は最澄に、あなたはまず仏になれと教えたのです。曼荼羅大宇宙に飛び込み、仏の赤ん坊になって、そこですくすくと育てばよい。そうすると密教が分かる。それが密教の分かり方だ。文献でもって密教を分かろうとしても、分かるわけがない。空海はそう教えようとしたのです。

しかし、最澄には空海の言っていることがまるで理解できません。

結局、空海は最澄に『理趣釈経』の貸与を拒絶しました。

二人の交遊はやがて絶たれます。

このときの出来事について、のちに最澄はこんなふうに言い、暗に空海を非難しています。《新来の真言家、すなわち筆授の相承を泯《みん》す》（『依憑天台集序《えひょうてんだいしゅうじょ》』）

〝泯す〟とは、「こわす」「ほろぼす」といった意味。最澄にとっては——ということは顕教においては、といったことになりますが——仏法を伝えるのは「筆授の相承」、つまり書物によるのが基本です。その伝統を、空海といった新来の真言家がこわしてしまった、というのです。これは、言葉を重視する顕教＝最澄と、言葉を超えたものを求める密教＝空海との、根本的な差です。この溝はどうしても埋められません。二人は、結局は別れるよりほかなかったのです。

娑婆世界に遊ぶ

▼言う必要があるか／ないか、ちょっと迷っているのですが、口を挟んでかまいませんか。

『法華経』の中に、

《娑婆世界に遊ぶ》

といった言葉があります。空海が言っているのは、そのことだと思うのですが……。

そうです。なかなか鋭い指摘です。感心しました。

『法華経』の「観世音菩薩普門品《かんぜおんぼさつふもんぼん》」――これは『観音経』として独立に扱われている経典です――の中に、

《娑婆世界に遊ぶ》

といった言葉があります。誰が遊んでいるのかといえば、観世音菩薩、すなわち観音様です。観音様は本来、阿弥陀仏がおられる極楽《ごくらく》浄土の菩薩であって、いわば阿弥陀仏の補佐役です。その観音菩薩が三十三の変化身をとって、この娑婆世界に遊びに来ておられるのです。三十三の変化身にはいろいろありますが、わたしは、

――比丘《びく》・比丘尼《びくに》・優婆塞《うばそく》・優婆夷《うばい》・童男・童女――

で代表させればよいと思っています。比丘は男性の出家者で比丘尼が女性のそれ。優婆塞は男性の在家信者で女性が優婆夷。童男・童女は子どもの男女です。これでもって、わたしたちの周囲にいるすべての人が観音様の変化身になります。ということは、わたしたちすべての人

が観音様なのです。あなたも観音様、わたしも観音様です。

で、問題は〝遊ぶ〟です。

日本人は〝遊び〟といった言葉を嫌います。しかし仏教語には〝遊戯《ゆげ》〟といった言葉があり、仏や菩薩が何ものにもとらわれることなく、自由自在に活躍されることをいったものです。仏や菩薩は大勢の人々を救われるのですが、あまりにも汗水たらして一生懸命になられると、救われるほうでも苦しくなります。遊戯の境地で救ってくださるとき、救われるほうも感謝できるのです。

この〝遊ぶ〟を英語で表現すると〝プレイ (play)〟になります。そして〝プレイ〟には「芝居をする」「演じる」といった意味があります。

この娑婆世界にはさまざまな役割・配役があります。男／女、おとな／子ども、金持ち／貧乏人、優等生／劣等生、勝ち組／負け組、美人／不美人、善人／悪人……、いくらでも数え上げられます。そして、誰だって貧乏人や劣等生にはなりたくありません。でも、病人がいないと医師や薬剤師が生活できないように、いろんな人がいないとこの世の中は成立しないのです。そして、そのような損な役割を与えられた人もいます。しかし、その人が悪い人だから悪人の役割を与えられたのではなく、すべては縁、偶然によって決まるのです。みんながそれぞれの役割・配役を演じてほしい。それが観音様の願いでしょう。そしてそれが「プレイ」「遊び」

だと思います。

空海が曼荼羅大宇宙に飛び込め！ と言ったのも、『法華経』が言う「娑婆世界に遊ぶ」と同じ意味だと思うのです。そこのところを最澄がもう少し理解していると、二人の関係が変わったと思うのですが……。

あなたが言われるのも、そのことですよね。

空海に鞍替えした最澄の弟子

それはそれとして、結局は二人は喧嘩別れのようになってしまいました。いえ、別れたっていいのです。わたしは、空海と最澄が仲良くしろと言っているのではありません。ただ一つ残念なのは、二人のあいだに変な痼《しこり》が残ったことです。

それは、最澄が空海に預けた弟子の泰範に関してでした。

弘仁七年（八一六）五月、最澄は泰範に、

「おまえは比叡山にとって大事な人材だから、早く比叡山に帰って来い」

といった趣旨の手紙を書きます。そしてその中で、最澄は泰範に、

《法華一乗と真言一乗とは何ぞ優劣あらん》

［天台教学の根本である『法華経』の教えと、密教とのあいだに優劣はない］と言っています。だからおまえは密教の勉強をやめて、比叡山に帰って『法華経』の勉強をしろ。最澄は弟子にそう命じているのです。

ところが、この最澄の手紙に対する返信を、泰範に代って空海が書いているのです。

顕密の教、何ぞ浅深《せんじん》無からむ。法智《ほっち》の両仏、自他《じた》の二受、顕密説《せつ》を別《こと》にして、権実《ごんじつ》隔て有り。所以《このゆえ》に真言の醍醐《だいご》を耽執《たんしゅう》して、未《いま》だ随他《ずいた》の薬を噉嘗《たんしょう》するに遑《いとま》あらず。（『性霊集』巻第十）

［あなたは、顕教と密教に優劣がないと言われますが、どうしてそのようなことがあるでしょうか。密教の教主は法身で、顕教の仏は智身（報身）であり、密教の仏は自分の法楽のために説法し、顕教の仏は菩薩を教化する仏です。顕教は権教《ごんきょう》、つまり仮《かり》の教えであり、密教は真実の教え。まったく違っています。だからわたしはいま、真言の醍醐《だいご》の美味を味わっており、顕教の薬を服用する気はまったくありません］

これじゃあまるで、情夫の所に逃げた妻が、「わたしはこの男《ひと》と暮らすほうが幸せなんです」と言っているようなものです。しかもそれを情夫のほうが代筆している。どうなっているんでしょうか……。空海はいささか感情的になっているようです。

しかし、最澄のほうだって感情的になっているのではありませんか。比叡山から逃げた弟子は泰範だけではありません。最澄の弟子に対する態度は相当に厳しかったようで、比叡山から逃げ出した弟子はあんがい数が多かったようです。だから泰範が逃げ出したところで、普通であれば笑ってすませるところを、最澄の感情がこわばっているので、いささかヒステリックになったとしか思えません。二人とも、どうかしていると言うよりほかなさそうです。

真言宗と天台宗のその後

あまりにも最澄を登場させすぎているので、この本の主人公は空海なのに〈おかしいではないか?!〉と非難されそうですが、最澄と対比することによって空海の人となりがよく分かるので、あと一つだけ書かせてください。わたしは、空海が最澄といわば喧嘩別れになったことを、〈よかった〉

と考えています。もちろん、見方を変えれば……ということです。

空海の密教はオリジナル（独創的）なものであり、そして同時に完成されたものでした。それまでの仏教の常識では考えられないものであり、だから最澄にはそれが理解できなかったのです。

いや、最澄が理解できなかったばかりではありません。いかなる弟子をしても、それに付け加える何ものをも見出せなかったのです。それほどに完成度の高い密教を、空海は説きました。だから真言宗からは、空海以後、これといった仏教者、思想家は出ていません。独自の教学など、真言宗から出てくるはずがないのです。

ところが、最澄の天台宗からは、後世、日本の仏教界を担う大スターが輩出しています。リストアップすれば、

融通念仏宗《ゆうずうねんぶつしゅう》の開祖の……良忍《りょうにん》（一〇七二―一一三二）
浄土宗の開祖の……法然《ほうねん》（一一三三―一二一二）
浄土真宗の開祖の……親鸞（一一七三―一二六二）
曹洞宗の開祖の……道元（一二〇〇―一二五三）
日蓮宗の開祖の……日蓮《にちれん》（一二二二―一二八二）
時宗の開祖の……一遍《いっぺん》（一二三九―一二八九）

です。最後の一遍は比叡山に上ってはいませんが、残りの五人は一度は比叡山に上って天台教学を学び、そのあと独自の道を拓《ひら》いた祖師です。また、一遍にしても、天台教学を学んだあ

とで、独自の教学を確立したのです。

わたしは、もしも最澄が空海の教えを完全に理解し、まったき密教人間になったとすれば、天台宗からもこのような人材は出なかったと思います。いささか春秋の筆法になりそうですが、ある意味では空海と最澄が喧嘩別れをしたからこそ、日本仏教の発展があったのではないでしょうか。わたしにはそう思えてなりません。

第6章

空海と高野山と東寺

空海の拠点──高雄山寺・東寺・高野山

では、最澄に退場してもらいましょう。
あとは空海のヒストリー（履歴）を追って話を進めます。
空海の履歴事項としては、時間の順序からいえば、

弘仁七年（八一六）……高野山の下賜、
弘仁十二年（八二一）……万濃池《まんのういけ》の修築、
弘仁十四年（八二三）……東寺の給預《きゅうよ》、
天長元年（八二四）……神泉苑《しんせんえん》での祈雨、
天長五年（八二八）……綜芸種智院《しゅげいしゅちいん》の開設、

となります。なるべくはこの時間の順に話を進めたいのですが、ときに話があちこちに飛ぶのをお許しください。

さて、

最澄といえば……比叡山、
空海といえば……高野山、
となるように、空海にとって高野山は重要な拠点です。しかし、最澄が若いころから比叡山を中心に活躍したように、空海は高野山を活躍の拠点にしたのではありません。なるほど空海は最終的には高野山で入寂していますが、彼の活躍の拠点といえば、
最初は……高雄山寺、
そして弘仁十四年以後、天長九年（八三二）までは……東寺、
になります。そして、天長九年の八月二十二日に、空海は高野山の金剛峯寺《こんごうぶじ》において万燈万《まんどうまん》華会《げえ》を修しています。これは、懺悔《さんげ》・滅罪のために一万の燈明を献ずる法会です。
そのときの願文（「高野山万燈会の願文」）が『性霊集』（巻第八）に収録されています。

ここに空海 諸《もろもろ》の金剛子等《こんごうしら》と金剛峯寺にして、聊《いささ》か万燈万花《まんどうまんげ》の会《え》を設けて両部曼荼羅、四種の智印に奉献《ぶごん》す。期《ご》する所は毎年一度斯《こ》の事《こと》を設《ま》け奉《たてまつ》つて、四恩を答へ奉らむ。虚空《こくう》尽き、衆生尽き、涅槃《ねはん》尽きなば、我《わ》が願ひも尽きむ。

「ここに空海は、大勢の弟子たちとともに金剛峯寺において、金剛界・胎蔵の曼荼羅の諸尊、

一切の仏に万燈万華を献ずる法要を営む。そして、今後、毎年一度はこの法要を営み、四恩に奉じたいと思っている。わたしの念願は、虚空のある限り、衆生ある限り、涅槃のある限り続くものだ」

この最後にある、

《虚空尽き、衆生尽き、涅槃尽きなば、我が願ひも尽きむ》

は、あまりにも有名な言葉です。一切の衆生が輪廻転生するこの大宇宙＝虚空がなくなったとき、そのとき一切衆生は涅槃に入ります。そして、その涅槃すらもなくなったとき、空海の願いも尽きる。そういう意味です。でも、この言葉は空海のオリジナルではありません。空海は『華厳経』（「十地品《じゅうじぼん》」）からこれを引用したのです。

それはそれとして、高野山で万燈会を修した天長九年から、空海が入寂する承和二年（八三五）までが、正確にいえば空海が高野山を拠点とした時代になります。わずか三年にも満たない期間です。

高野山の下賜を願う

空海が高野山に修禅の道場を建立したいと朝廷に願い出たのは、弘仁七年（八一六）六月十九日でした。その申請の文書が『性霊集』（巻第九）に収録されています。前後を省略して引用します。

空海少年の日、好むで山水《さんすい》を渉覧《しょうらん》せしに、吉野《よしの》より南に行くこと一日にして、更に西に向つて去ること両日程、平原の幽地《ゆうち》有り。名《なづ》けて高野《たかの》と曰《い》う。計《はかりみ》るに紀伊国《きいのくに》、伊都郡《いとのこおり》の南に当る。四面高嶺にして人蹤蹊絶《じんしょうみちた》えたり。今思《おも》はく、上《かみ》は国家《こくけ》の奉為《おんため》にして、下は諸《もろもろ》の修行者の為に荒藪《こうそう》を芟《か》り夷《たいら》げて、聊《わず》かに修禅《しゅぜん》の一院を建立《こんりゅう》せむ。

［わたし、空海は少年のころよく山歩きをしましたが、吉野から南に一日、さらに二日ほど行けば、幽邃《ゆうすい》なる平原がありました。地名は高野《たかの》で、たぶん紀伊国の伊都郡の南に位置すると思われます。四面は高い嶺《みね》で、人が行かない土地です。この荒れ地を整地して、上は国家のために、下は修行者のために、ここに修禅の道場を建立したいと思います］

これを読んで、ちょっとおもしろいと思ったのは、高野山の所在地を説明するのに、吉野が基点となっていることです。平安京の人々にとって、高野山がいかに僻地《へきち》であったかがこれで分かります。

それはともかく、高野山は和歌山県伊都《いと》郡高野町にあり、海抜約九百メートルの山上に、東西四キロメートルにわたって広がる細長い町です。明治以前までは、ここは〝金剛峯寺《こんごうぶじ》〟と呼ばれていました。現在は高野山の町の中央に金剛峯寺という総本山がありますが、本来は高野山全体が金剛峯寺であったわけです。

では、なぜ空海が高野山に目をつけたか。さまざまな伝説があります。『今昔物語集』(巻第十一)には、「三鈷《さんこ》の伝説」が語られています。空海は帰国の直前、中国の明州《みんしゅう》の海岸から三鈷(密教の法具)を投げました。日本において密教を弘めるべき適当な土地を示したまえと、三鈷に托《たく》したというのです。するとその三鈷が、東シナ海を何千キロも飛んで、高野山の現在の金剛峯寺の伽藍の前にある檜《ひのき》の枝に引っかかったというわけです。あまりにも荒唐無稽な話です。

また、先程引用した朝廷への申請書に付された文書の中で、空海はこんなふうに語っています。自分は帰国する船の中で大嵐に遭った。そこで自分は、無事に帰国できれば、修禅の道場を建立し、観法に専心するといった誓いをたてた。だが、帰国して十二年間、あまりにも忙しくてその誓いを忘れていた。それをいま思い出したので、このように高野山に修禅の道場を建立したいと願い出ているのだ、と。

では、なぜ空海は、十二年もたって昔のことを思い出したのでしょうか？

当時の空海は、前にも言ったように高雄山寺に住していました。この寺は都に近い割に閑静な地でしたが、徐々に訪れる人が多くなり、常に閑静というわけにはいかなくなり、それで少年のころに登岳したことのある高野の地を求めたのだと想像されます。

空海、高野山に登る

この空海の請願により、朝廷が空海に高野山を下賜したのが同年の七月八日でした。申請から一か月もしないスピード決裁でありました。

そして、この勅許によって、翌弘仁八年に、空海の高弟の実慧《じちえ》（七八六―八四七）と泰範によって高野山の開創が着手されました。だが、空海自身が高野山に登ったのは、翌々年の弘仁九年十一月十六日でした。

こんな伝説があります。

空海が山に登る途中で、白黒二匹の犬を連れた狩人《かりうど》と出会いました。その人に案内されて高野山に来ると、松の木に三鈷がかかっていました。空海が中国の海岸で投げた三鈷です。じつはその狩人は、狩場明神《かりばみようじん》という高野山の明神でした。そこで空海は狩場明神から土地を貰い受け、修禅の道場を建立しました。そういう伝説です。

また、『空海僧都伝』には、空海は丹生都比売《にうつひめ》（丹生津媛）から高野山を貰ったとあります。丹生都比売は天照大神の妹神です。

空海は高野山の土地を朝廷から下賜されたのです。それを、狩場明神や丹生都比売から貰ったとする必要はないのではないか、という考えもあるでしょう。また、多くの学者は、空海が高野山を開創した当時、狩場明神や丹生都比売といった神がここにいなかったと主張しています。

それはそうかもしれません。しかし、行政的には高野山は朝廷に所属しています。が、空海は土地の神を大事にしています。また、神々を大事にするのが密教の特色です。空海が弘仁十年（八一九）五月三日に、狩場明神や丹生都比売をはじめ、日本国中百二十社の神々を迎えて、伽藍擁護を祈願したことも伝えられています。そうした伝説が生まれるのも、理由のないわけではありません。

＊

しかしながら、前にも述べましたが、空海は活動の拠点を高野山に移したわけではありません。高野山はあくまでも空海のプライベート（私的）な道場として、空海に下賜されたものです。それに、高野山に住むのは、最初のころは不便でした。

山高く雪深うして、人迹《じんせき》通し難し。……（中略）……辱《かたじけな》くも米油等の物を恵まる。一《ひと》たびは喜び、一たびは懼《おそ》る。（『高野雑筆集』）

と、空海は書いていています。ある意味では、そこに住むことは不可能だったのです。したがって、仏教僧としてのパブリック（公的）な意味での空海の活動の拠点は高雄山寺にありました。空海が高野山に隠棲するようになったのは、すでに述べたように入寂前の三年間でした。

東寺の給預

弘仁十四年（八二三）正月十九日に、朝廷は東寺を空海に給預しました。

大阪に向かう新幹線が京都駅を出た直後、左の窓に五重塔が見えます。あれが東寺の五重塔です。現在は京都の便利な場所にありますが、空海の当時、東寺は都の南のはずれに位置していました。都の中央を朱雀《すざく》大通りが走り、その最南端に羅生門《らしようもん》がありました。そして羅生門の東西に一つずつの寺が建立され、東にあったのが東寺です。

平安京に遷都した（延暦十三年、七九四）のは桓武天皇ですが、桓武天皇は奈良の都が仏教の弊害に悩まされたもので――たとえば道鏡（？―七七二）の事件などがあります――、平安京の都のうちには寺院を建てさせなかったのです。それで、都の南端に東寺と西寺を建立して、王城を鎮護させることを考えたのです。いわば門番的な役割の寺院でした。

その東寺が空海に給預されたのです。

もちろん東寺は官寺です。官寺を給預されるということは、いわば国立大学の総長に任命され、その運営をまかせられたことになります。

なぜ東寺を給預されたかといえば、空海が高野山に隠棲してしまうことを朝廷が嫌ったためです。自分の隠居所を高野山につくった空海に対し、そうはさせじと空海を国立大学の総長に任命したようなものです。

そうすると空海のほうは、さっさと東寺を真言宗の寺にしてしまいました。真言密教の修行者しか住めない寺にしたのです。

それ以前の奈良の寺には、一寺一宗の慣行はありませんでした。われわれは奈良の寺を、法相宗や三論宗、華厳宗の寺と色分けしていますが、そういう色分けができたのはずっとあとになってからで、最初はそれはなかったのです。どの寺において何を学ぼうと自由でした。

それに対して、最初は最澄が、比叡山を『法華経』を中心とする天台教学だけを学ぶ専門道場にしました。ただし、桓武天皇がそこに密教を加えたのは前述の通りです。

この最澄の先例に倣うかたちで、空海は東寺を真言宗の専門道場にしたのです。他宗の僧の雑住《ぞうじゅう》を禁じたわけです。

かくて弘仁十四年以後、空海の活動の拠点が、高雄山寺から東寺に移されたのです。

空海は、この弘仁十四年の十月に、「真言宗所学経律論目録《しょがくきょうりつろんもくろく》」(「三学録」と省略されます)をつくっています。これは、真言宗の僧となるには、どのような経・律・論を学べばよいか、それを示したカリキュラムです。空海は、真言宗の僧の教育制度を整えたわけです。

なお、空海に東寺が給預された弘仁十四年の翌年にあたる天長元年(八二四)の六月には、淳和天皇から東寺に教王護国寺(正しくは金光明四天王教王護国寺)の号を賜っています。これは空海からの願いによったものです。したがって以後は、正式には教王護国寺と呼ぶべきでしょうが、でも〝東寺〟の通称のほうが一般に通じますね。われわれも本書においては、〝東寺〟の通称のほうを使うことにしましょう。

なお、ついでに言っておきますが、高雄山寺は天長二年の正月に〝神護寺《じんごじ》〟(これも正しくは〝神護国祚《こくそ》真言寺〟）と改名されています。この寺も完全に真言宗の寺となったのです。

東寺の立体曼荼羅

東寺が教王護国寺となった翌年の天長二年には、東寺に講堂が建立されました。

講堂は講法堂《こうほうどう》、または法堂《はっとう》ともいい、法を講ずる堂をいいます。多くの僧が入るため、わりと大きく造られています。

講堂の中央には仏壇が設けられていますが、東寺の講堂の仏壇は立体曼荼羅（あるいは羯磨《かつま》曼荼羅ともいいます）になっています。

曼荼羅というのは、前にも触れてありますが、

――仏の大宇宙そのもの――

です。われわれにはそれがどういうものか、皆目分かりません。時間と空間を超越したものだから具象化できないのです。

それでも、曼荼羅大宇宙はいちおう球形だと考えたほうがよいでしょう。その球形のうちにさまざまな姿、形の仏が充満しています。

しかし、いちいち球形の曼荼羅をつくるのは面倒ですから（現在であればサッカーのボール

を大きくしたようなものをつくればよいわけですが、昔はそうはいきません)、それを広げて平面にしたものをつくるわけです。ちょうど地球儀に対してメルカトル図法の世界地図をつくるようなものです。それでわたしたちは、曼荼羅といえば絵に描いた曼荼羅や敷曼荼羅を思い浮かべるわけです。

ところが、それを仏像を配列して表現したのが立体曼荼羅です。図絵(平面)ではなしに仏像(立体)でもって表現されているから、そう呼ばれるわけです。

東寺の立体曼荼羅は、大日如来をはじめ、金剛波羅蜜多菩薩《こんごうはらみたぼさつ》、不動明王、梵天、四天王、帝釈天《たいしゃくてん》など、二十一尊の仏像でもって構成されています。これでもって空海は、彼独自の密教思想を表現したのです。

それから、新幹線から見えるあの五重塔ですが、あれが建立されたのは天長三年(八二六)でした。われわれは塔といえば寺院の装飾品のように思っていますが、じつは塔の起源はインドのストゥーパであり、釈迦世尊の遺骨(仏舎利)を祀ったものです。

インドの寺院には二系統があって、

チャイティヤ(祀堂《しどう》)……仏舎利を祀ったもの、

ヴィハーラ(僧院)……僧侶が居住するためのもの、

に岐《わか》れます。中国や日本においては、寺院はこの二つの機能を兼ねることになりましたが、塔はチャイティヤ系統に属します。そういう意味では、五重塔は重要です。

綜芸種智院

トピック（話題）や時代の順序は少し異なりますが、東寺との関連で、ここで綜芸種智院《しゅげいしゅちいん》について言及しておきます。

天長五年（八二八）十二月十五日、空海は東寺の東隣りの地に綜芸種智院を開設しました。この土地は、藤原家の貴族の藤原三守《ふじわらのみもり》がそこに住んでいたのを、自分は嵯峨《さが》の地に移るということで、空海に提供してくれたものです。

この当時の教育機関としては、都には大学があり、地方には国学がありました。けれども、大学には五位以上の官吏の子弟しか入学は許されず（空海が大学に学んだのは例外だったわけです）、国学もほぼ似たような条件でした。誰もが入れる学校ではなかったのです。

そのほか、私立の大学もあるにはありました。しかし、それは各氏族が設立した学校です。たとえば藤原氏の勧学院《かんがくいん》、在原《ありわら》氏の奨学院《しょうがくいん》のように、一族の子弟しか入学が許されないものでした。

ともかく、一般庶民が入学できる学校はなかったのです。

そこで空海は、誰もが入れる学校として綜芸種智院をつくったのです。

大唐の城坊《じょうぼう》には坊ごとに閭塾《りょしゅく》を置いて普《あまね》く童稚《とうち》を教ふ、県《さと》ごとに郷学《きょうがく》を開いて広く青衿《せいきん》を導く。是の故に才子城《じょう》に満ち、芸士国に盈《み》てり。今、是の華城《かせい》には但一《ただひとつ》の大学のみ有り、閭塾有ること無し。是の故に貧賤《ひんせん》の子弟津《つ》を問ふ所無し。遠坊の好事は往還するに疲れ多し。今此の一院を建てて普く童蒙《どうぼう》を済《すく》はむ、善《よ》からざらむや。

［大唐国の都では、各区ごとに塾を置いて児童を教え、各県に郷学（地方の学校）を開いて広く学童を導いている。それ故、才能のある者が都に満ち、六芸（礼・楽《がく》・射・御（馬車の御し方）・音・数）に達した者が国に満ちている。ところが、いま、この平安京には大学が一つあるだけで、塾はない。それ故、貧しい子弟が教育を受けることができない。遠方の村里の好学心を持つ者は、往復するだけで疲れてしまう。いま、この綜芸種智院を建てて大勢の学童を救おうとする。いいことではないか］

この「綜芸種智院設立趣意書」ともいうべき文章は、『性霊集』（巻第十）に収められています。これで見ると空海は、唐で見た閭塾（地方に設けられた塾）を参考に、綜芸種智院の建立を思い立ったようです。

それから、空海は仏教の僧侶だから、綜芸種智院は僧侶の養成機関であったのだろうと早合点をしないでください。そこでは陰陽道《おんようどう》・法律・医学・音楽等、ありとあらゆる学芸が教授されていました。また、仏教はもちろん、儒学も道教もそこで講じられています。まさしく〝綜《しゅ》芸《げい》〟（〝綜〟は「総合」の意）であったのです。

そして空海は、この学校を完全給費制にしました。貧しくても学びたい気持ちのある者には奨学資金を出して、経済的保証をしたのです。また教授陣に対しても、高給でもって酬《むく》いています。なかなか雄大な教育理念であり、構想でした。

だが残念なことに、この綜芸種智院は空海没後十八年で潰れてしまいました。経済的にもたなくなったためです。空海という大人物がいたからこそ、運営ができた学校であったわけです。

それからさらに空海は、この綜芸種智院の横に施薬院《せやくいん》を開設しています。これはもちろん病人の治療をし、薬を与える施設です。空海は寺院をたんに僧侶の養成機関とのみと考えていなかったのです。庶民の教育機関であり、医療機関と考えたかったのだと思われます。

二つの人格を操れた空海

時計の針を再び戻すことになりますが、空海自身が高野山に登った弘仁九年（八一八）には、朝廷は空海に大和の弘福寺《ぐふくじ》を施与しています。ただし、この年代に関しては異説もあります。弘福寺は川原寺《かわらでら》ともいい、奈良県高市《たかいち》郡明日香《あすか》村にあります。この寺は、伊予親王とその母が罪によって捕らえられ、幽閉され、そして毒死した寺です。朝廷は、親王の祟《たた》りを鎮めるように、空海が滅罪の法をここで修することを依頼したのだと思います。空海は伊予親王に渡唐に際して援助を受けたでしょうから、その依頼は断れなかったでしょう。

と同時に、空海が高野山と高雄山寺を往還するとき、弘福寺はちょうど中継地点になります。だから朝廷は空海に弘福寺を与えて、高野山に引き籠らずに、頻繁に都に出て来るようにと促す意味もあったと思われます。

ともあれ朝廷は、空海を都に引っ張り出したかったことはまちがいありません。そこで朝廷は、天長元年（八二四）に空海を少僧都に任じました。すると空海のほうでは、四五ページで引用したように、空海弱冠《じゃっかん》（二十歳）より知命《ちめい》（五十歳）に及ぶまで山藪《さんそう》を宅《いえ》とし、禅黙《ぜんもく》を心《こころ》とす。人事《じんし》を経《へ》ず、煩砕《はんさい》に耐へず。

と、「少僧都を辞する表」を提出しました。また、『空海僧都伝』には、

常に門人に語るらく、「我が性《しょう》、山水に狎《な》れて人事に疎《うと》し、またこれ浮雲の人《にん》なり。……（中略）……」と。

とあります。ということは、空海は「都の人」ではなしに「山の人」だったのですね。でも、われわれは百パーセント、空海の言葉を信用することはできません。少僧都の辞任は認められなかったばかりか、三年後の天長四年には空海は大僧都に任じられています。さらに、すでに述べたように、東寺の経営や綜芸種智院の開設など、空海はずいぶんと「都の人」として活躍しています。あるいは、あとで述べますが、弘仁十二年（八二一）の万濃池の修築も彼の世俗における活躍です。

だとすると、空海のうちに微妙に違った二つの人格が潜んでいたとみることができそうです。その一つの人格は……民衆のために何かをしたいという、社会への働きかけを積極的に推進

しようとする面です。

もう一つの人格は……世俗的なものをいっさい捨ててしまって、山に籠って静かに一人でいたいという面です。

このまったく相反する人格を混在させているのが空海という人間の特色で、また彼はその二つをうまく操ることができたのです。そういう意味では、空海はおもしろい密教人間であったと思います。

空海の弟子

ここで主だった空海の弟子を紹介しておきます。

まず、筆頭弟子というべきは実慧《じちえ》です。彼は讃岐の佐伯氏からの出身で、空海と血縁関係にあります。空海の没後、実慧が東寺の第二世の地位に就いています。また、彼が河内《かわち》国の観心寺を開創したことも見落とせないことです。

東寺の第三世となったのが真済《しんぜい》です。彼は、前にも言及しましたが（三九ページ）、空海の伝記である『空海僧都伝』の著者です（ただし異説もあります）。また、空海の詩文集として知られる『性霊集』は、この真済の編集になるものです。

ちょっと補足しておきますと、『性霊集』は全十巻の詩文集です。ところが平安の中期以後、どこかの時点で、そのうちの八・九・十の三巻が散逸してしまいました。そこで仁和寺《にんなじ》の学僧の済暹《さいせん》（一〇二五—一一一五）が苦心して逸文を蒐集して『続性霊集補闕抄《ほけつしょう》』三巻を編み、元の十巻に復元しました。それ故、本書で『性霊集』として引用したもののうち、巻第八、巻第九、巻第十は、『続性霊集補闕抄』からの引用だと思ってください。

真雅（八〇七—八七九）は空海の実弟だと伝えられています。それが本当だとすれば、空海より二十七歳も年下になります。ちょっと疑わしいですね。彼は東寺の第四世となりました。

いささか異色の弟子が真如（？—八六六）です。彼は平城天皇の皇子に生まれ、高岳《たかおか》親王の俗名で知られています。叔父の嵯峨天皇が即位したとき、彼は十一歳で太子になりましたが、翌年の薬子《くすこ》の変に連座して太子を廃され、のちに仏門に入り、空海の弟子になりました。

真如は、空海の入滅後、貞観三年（八六一）に唐に渡り、同七年にインドに向かいましたが、消息不明になりました。在唐留学僧からの報告によると、彼は西域に赴き、羅越《らえつ》国で死亡したようです。羅越国とはシンガポール地方と推定されています。虎に食われて死んだ、という説もあります。

智泉（七八九―八二五）は、空海の姉の子、すなわち甥にあたります。没年を見れば分かるように、彼は空海の五十二歳のときに死んでいます。空海の死は六十二歳のときですから、その十年前に没したわけです。享年三十七。

出家者である空海には、わが子はいません。だから甥の智泉が九歳で空海の弟子になったとき、空海はまるでわが子を得たかのように喜んだはずです。空海は智泉を、

道《どう》に入《い》つては長子《ちょうし》なり。

と言っています。仏道の上では長男だというのです。

その智泉の死をいかに空海が悲しんだか。『性霊集』（巻第八）には「亡《ぼう》弟子智泉が為の達嚫《だっしん》の文」が収録されています。〝達嚫の文〟とは「追悼文」だと思ってください。

哀《あわれ》なる哉《かな》、哀なる哉、哀の中の哀なり。悲《かな》しき哉、悲しき哉、悲《ひ》の中の悲なり。

空海はそう書いています。そして、死というものは、迷いの娑婆世界における夢のごとき出来事だと知ってはいるが、それでも涙がこぼれると告白しています。

そして空海は、さらに、

哀なる哉、哀なる哉、復《また》哀なる哉。悲しい哉、悲しい哉、重ねて悲しい哉。

と、同じ言葉を繰り返しています。彼は、わが子にも等しい弟子の死に、大きなショックを受けたのです。

空海の弟子には、ほかにも大勢がいます。前章で紹介した泰範も、最初は最澄の弟子でありながら、のちに空海の弟子となり、「空海の四哲」の一人に数えられる弟子です。しかし、空海の弟子の紹介は、これぐらいにしておきます。

第7章

世間と出世間で大活躍

死の直前まで宮中で活躍した空海

ここで新しい章にします。いえ、別段、章を改める必要性はまったくありません。空海の生涯は、前章の冒頭(一三八─一三九ページ)でも論じたように、いちおう、
高雄山寺の時代……大同四年(八〇九)から弘仁十四年(八二三)まで、
東寺の時代……弘仁十四年から天長九年(八三二)まで、
高野山の時代……天長九年から承和二年(八三五)の入滅まで、
と区切ることができます。でも、それは「いちおう」の話であって、空海の生涯をそれほど整然と区切ることはできません。
わたしは一九八四年に『空海入門』(祥伝社)を出版しました。その中で、
《……〔空海は〕すべてをおっぽりだして、高野山に帰りたいと思う。でも、周囲は彼を帰さない。
だが、……。最後にはやはり、彼は帰って来た。空海はいっさいの官職を捨てて、裸の密教人間になって高野山に帰って来たのである。
天長九年(八三二)、空海五十九歳のときであった。

それから四年、空海はのんびりと高野山で過ごした。還暦を迎えた密教人間は、さすがに疲れていた。毎日毎日、彼はよく眠った。

そして、六十二歳の三月二十一日、承和《じょうわ》二年（八三五）三月二十一日、空海は再び目覚めぬ眠りについた》

と書いたのです。すると、それを読んでくれた東大の印度哲学科の先輩で、真言宗の高僧であった人から、

「ひろさんは、最晩年の空海が高野山に隠遁したかのように思っているが、それは違うよ。空海は死の前年に宮中に真言院を建立し、翌年（すなわち空海の没年）の正月には、そこで御修《みしゅ》法《ほう》をやっているよ」

と叱られました。たしかにその通りで、これはわたしの大ミスでした。

御修法は、また〝みずほう〟あるいは〝みしほ〟とも読み、正月八日から七日間、宮中の真言院において、国家の繁栄、玉体安穏、万民豊楽を祈念する真言院の修法です。したがって空海は、死の三か月ほど前に、高野山から京の都に出かけているのです。だから空海の生涯を時代区分なんてできませんし、空海を「山の人」「都の人」と極《き》め付けることもできません。前章で見たように、空海にはいろんな人格・性格が混在していたのです。わたしたちは、そのことを忘れてはなりません。

ですから、ここで改章するのは、たんなる気分転換のためです。

万濃池の修築工事

で、まず万濃池《まんのういけ》の修築工事から始めましょう。

万濃池は〝満濃池〟とも表記され、空海の出身地である讃岐《さぬき》の多度郡《たどのこおり》、現在の地名でいえば香川県仲多度郡まんのう町にある灌漑用の溜め池です。讃岐国には大きな川がないので、農民は困ります。それで大宝年間（七〇一―七〇三）に、いくつもの渓流を堰堤《えんてい》でせき止めて池（ダム）が造られました。農業用水を得るためです。

ところが、この万濃池は、ちょっとした雨でもすぐに決潰《けっかい》してしまいます。幾度か決潰したのですが、弘仁九年（八一八）に大決潰し、どうにもならない状態になりました。朝廷は弘仁十一年に修築工事を始めたのですが、工事はいっこうに捗《はかど》らず、完成の見通しが立ちません。そのままでは農民が困ってしまいます。

そこで讃岐国の国司から朝廷に嘆願書が出されました。

《僧空海は部下多度郡の人也。……今久しく旧土を離れて常に京都に住す。百姓恋慕すること実に父母の如し、若し師来れるを聞かば、部内の人衆履《くつ》を倒《さかしま》にして来り迎へざるは莫《な》し。請ふ、別当に宛て、其事を成さしめよ》（『弘法大師行化記《ぎょうけき》』）

［僧空海はこの国の多度郡の人です。……いまは故郷を離れて京都に住んでおられます。が、庶民が空海を慕っていることは、子が父母を慕うがごとくです。もし師が来てくださると聞けば、この国の人は履きものをはき違えてもお迎えしない者はいません。どうか空海上人を別当（長官）に任命して、大事業を完成させてください］

つまり、空海を讃岐国に下向させ、工事を監督させてほしいというのです。

この要請に応えて、弘仁十二年五月二十七日付で国司に太政官符《だじょうかんぷ》が下り、空海に下向が命じられました。

空海が讃岐国に着任したのは、たぶん六月十日ごろだと思われます。

そして九月六日には、もう空海は京都に帰って来ています。

ということは、わずか三か月弱で難工事が完成しているのです。まさに驚くべきことではないでしょうか。

では空海は、いったいどこでこんな土木工事の技術を学んだのでしょうか？

多くの学者が、空海は中国において土木技術までを学んできたと言っています。

《しかし空海は、仏教の勉強だけをしに中国へいったのではなく、自然科学の先進技術文明についても、かなり勉強して帰ってきたようです》（松長有慶『空海 無限を生きる』集英社）

《この池は周囲約二十キロ、現在一市十六町村を擁する丸亀平野三、六〇〇町歩を灌漑する日本有数の大貯水池である。大正五年に近代的ダムとして改修された時に判ったことであるが、池の堤防を内側に張って二個の岩と小島を結んで水圧に耐えるようにアーチ形に設計されていた》（山本智教『空海上人伝』朱鷺《とき》書房）

《東寺を中心にした空海の活躍については、今更あげつらうまでもない。この頃、彼は一宗教家という範囲にとどまらず、最新最高の文明を自ら体現した存在として、日本文明の発展に寄与していたのである。文章家、書家、教育家、学問人、果ては土木工事や建築といった大規模技術者から、筆の制作すら行なうまさに精密技術者までを、たった独りで演じ続けていたのである》（正木晃ほか『空海の世界』佼成出版社）

と、大勢が空海を絶賛しています。わたしも空海の天才ぶりに舌を巻いています。

でも、錯覚しないでください。空海は万濃池（ダム）を造ったのではありません。池・ダムを造るのであれば、水圧等の問題を詳しく計算し、テクニックを必要とします。だが空海はすでにあった池が決潰したので、それを修築したのです。

壊れた池を修築するには、人心を統一して一気呵成に仕上げる必要があります。だらだら、だらだらとやっていたのでは、修築した部分も再び壊れ、元の木阿弥《もくあみ》になってしまいます。

空海はその人心の統一ができたのでしょう。

空海なればこそ、できたことです。余人をもってはできないことです。わたしはそう考えています。

空海の自作自演か？

ところで、ちょっとおもしろい説があります。宮坂宥勝・宮崎忍勝・村岡空《くう》共著『空海密教のすべて』（朱鷺書房）の中で、村岡空が言っておられることですが、讃岐の国司が朝廷に差し出した、前掲の「空海を別当として讃岐に派遣してほしい」といった請願書は、おそらく空海自身が書いたものだろうという意見です。その理由は、こんな名文を書けるのは空海以外に考えられない、というのです。

わたしも、この意見に賛成です。でも、わたしの考える理由は、名文の問題だけではありません。なるほどこんな名文は空海にしか書けないでしょうが、それよりも讃岐の国司が、どうして空海に修築工事ができるかを知ったかのほうが問題です。

わたしは、空海の許《もと》にはさまざまな情報が集まっていたと思います。ことに讃岐は自分の故郷であるだけに関心が深く、また弟子たちのうちにも讃岐の出身者が多く、それだけに空海の許に情報が集まっていたのでしょう。万濃池が決潰して農民たちが困っていること。にもかか

わらず修築工事がもたもたしていて、なかなか完成しないこと。それを知った空海が、どこかで、誰かに、

「わたしであれば、もっと上手くやってのけることができる」

と語った可能性もあります。それが讃岐の国司の耳に入り、あの請願状になったと考えることもできます。

でも、空海という人は、わたしはそういう人間だとは思いません。農民たちが困っているのを知って、しかも〈自分であれば、うまくやれる〉と思ったのであれば、さっさと自分で請願状を書き、自分のほうから讃岐に出向く、そういう人間だと思います。

ということは、万濃池の修築に別当として赴いたのは、空海の、

――自作自演――

ということになります。そういう可能性が大きいようです。

けれども、そう聞いて、空海は朝廷に自分を「売り込んだ」と見ないでください。彼にはなにも自分を売り込む必要はありません。前にも触れましたが、なにせ少僧都を辞したいと、自分から朝廷に願い出ているくらいです。朝廷はこれを受理せず、結果的には空海は大僧都にまで任じられています。どうして自分を売り込む必要があるのですか?!

空海という男は、自分のやりたいことをさっさとやってのける人です。とくに庶民が困って

いるとなると、それを傍観しておれません。「自作自演」と言われようが、そんなことは気にせず、庶民のために働く人です。わたしはそう思っています。そこに空海の「よさ」があります。

神泉苑での祈雨

天長元年（八二四）二月、天下に旱魃《かんばつ》がありました。もちろん、人々は困ります。『今昔物語集』（巻十四の四十一）に、このとき空海がやった雨乞いが語られています。

……天下《テンガ》旱魃《カンバツ》シテ、万《ヨロズ》ノ物皆焼畢《ヤケハ》テ枯レ尽《ツキ》タルニ、天皇、此レヲ歎キ給フ。大臣以下《イゲ》ノ人民《ニンミン》ニ至《イタル》マデ、此ヲ不歎《ナゲカ》ズト云フ事无《ナ》シ。

其ノ時ニ、弘法大師ト申ス人在《マシ》マス。僧都《ソウズ》ニテ在《マシマ》シケル時、天皇、大師ヲ召《メシ》テ仰セ給テ云《イワ》ク、「何《イカ》ニシテカ此ノ旱魃《カンバツ》ヲ止《トドメ》テ、雨ヲ降《フラ》シテ世ヲ可助《タスクベ》キ」ト。大師申《モウシ》テ云《モウサ》ク、「我ガ法ノ中ニ雨ヲ降《フラ》ス法有リ」ト。天皇、「速ニ、其ノ法ヲ可修《シュスベ》シ」トテ、大師、言《コト》バニ随《シタガイ》テ、神泉ニシテ請雨経《ショウウキョウ》ノ法ヲ令修《シュセシ》メ給フ。

天皇のほうから空海に相談を持ちかけたことになっていますが、あるいはこれも空海のほうから、

「わたしならやれます」

と申し出たのかもしれません。ともかく空海は、勅命によって密教の「請雨経法《しょううきょうほう》」を修しました。

七日間、空海は祈禱を続けました。すると結願の日、龍王が出現し、黒雲が空を覆い、雷は四方に鳴りわたり、雨が降りました。雨は三日間降り続きます。

現在のわれわれからすれば、七日間も待っていると雨が降る確率は相当に高くなると思いますが、平安時代の人々にすれば、これはまちがいなく空海の密教の修法の効果なのです。空海が祈禱をしなければ雨は降らなかったのであり、空海が祈禱をしたからこそ雨が降ったのです。

かくして空海の密教の素晴らしさが人々に証明されました。

万濃池の修築は、讃岐というローカル（地方的）な出来事です。だから、知る人ぞ知るです。しかし、宮中の神泉苑《しんせんえん》における祈雨は、都の中心でのことです。だから大勢の人々が、これによって空海の名を知ることになりました。

でも、繰り返し言っておきますが、これは空海の売名行為ではありません。彼は、雨が降ら

なくて人々が困っているのを、黙して見ておれない人間です。わたしはそう信じています。

『秘密曼荼羅十住心論』

万濃池の修築や神泉苑での祈雨は、空海の俗世間での活躍です。彼は普通の僧とは違って、ずいぶんと俗世間な活躍をしています。そしてそれがことごとくうまくいくのが、密教人間＝空海の特徴だと思われます。

では、密教僧、とくに学僧としての空海はどうでしょうか……？

その点で、まず第一に挙げるべきは、

――『秘密曼荼羅十住心論《ひみつまんだらじゅうじゅうしんろん》』――

といった著作です。これが空海のいちばん重要な著作といえます。これは『十住心論』と略称されることもあります。

天長七年（八三〇）、淳和《じゅんな》天皇は各宗の高僧に、それぞれ自宗の大綱を撰して提出せよとの勅命を出しました。それに応えて華厳宗・天台宗・三論宗・法相宗・律宗から、自宗の宗旨の大要をまとめたものが提出されましたが、このとき真言宗から提出されたものが、空海の筆になる本書でした。

この全十巻という浩瀚《こうかん》な著述のすばらしさに、他の各宗はたじたじとなりました。なかでも天台宗のショックは大きかったと伝えられています。天長七年といえば、最澄が没して八年になります。最澄の後継者たちは、そのショックのあまり天台宗の密教化の道をさぐり、それが円仁《えんにん》と円珍《えんちん》の二人が密教を求めて入唐する契機となったと考えられます。だとすると、この『秘密曼荼羅十住心論』は、日本の仏教史に大きな影響を及ぼした著作と言わねばなりません。

さて、本書の内容ですが、人間の心のあり方を、発展段階的に十に分かち、一つ一つの段が次につながることを教えたものです。それを見てみましょう。

第一住心　異生羝羊心《いしょうていようしん》……〝異生〟とは「愚かな凡夫」です。われわれは愚かな凡夫です。煩悩に悩み、苦しんでいます。そのために迷いの世界である六道——地獄・餓鬼・畜生・修羅・人・天の六つの世界——に姿、形を変えて輪廻転生します。それで〝異生〟(異なった姿で生まれる)というのです。そして〝羝羊〟は「雄羊《おひつじ》」です。つまり、この段階の人間は倫理以前であり、ただ本能に動かされて、食と性だけに関心を示し、あくせくと生きているのです。

第二住心　愚童持斎心《ぐどうじさいしん》……〝持斎〟とは、仏教では、出家者は戒律によって正午過ぎに食事をとってはならないとされています。そこで時間内の食事を〝斎《さい》〟または〝おとき〟といいます。もっとも、のちには法会の際に出される食事をも〝おとき〟と呼ばれるようになりました。その戒を守るのが持斎ですが、ここではそういう食事の戒だけではなしに、全般的な道徳心が芽生えることを言っています。第一の異生羝羊心の段階では、人間は他人から奪い取ることばかりを考えていますが、この段階になると少しは他人に布施する心が出てくるのです。考えてみると、資本主義社会に生きる現代日本人は、自分が儲けること、つまり他人から奪うことばかりを考えています。ということは、第一の異生羝羊心にいるわけです。わたしたちは空海に教わって、少しでも早くこの第二の愚童持斎心に達しなければなりません。

第三住心　嬰童無畏心《ようどうむいしん》……〝嬰童〟というのは「幼児」です。人間に宗教心が生じると、ちょうど幼児が母親のふところに抱かれたような安心感が生まれます。それが〝無畏〟、すなわち畏《おそ》れがなくなることです。空海はこの第三段階において、人間にやっと宗教心が芽生えたとします。ただし、宗教心といっても、そこに仏教は含まれていません。仏教は、次の第四段階から始まるのです。

第四住心　唯蘊無我心《ゆいうんむがしん》……これは小乗仏教の段階です。そして、奈良の六宗のうちの倶舎宗《くしゃ》や成実宗《じょうじつ》がこれにあたります。〝蘊〟というのは五蘊で、現象世界を構成する五つの要素――色《しき》・受《じゅ》・想《そう》・行《ぎょう》・識《しき》（別の言葉でいえば「肉体」と「精神」になるでしょう）――ですが、それらのすべてが「無我」であるというのです。無我というのは実体がないということです。現象世界の万物は、五蘊が仮に和合しているだけで、実体がなく、永続性がないと主張しているのが、奈良仏教の倶舎宗や成実宗です。

第五住心　抜業因種心《ばつごういんじゅしん》……これも小乗仏教の段階にあたります。第四も小乗仏教ですが、第四と第五の違いは、空海は、第四の声聞《しょうもん》乗であるのに対して、第五は独覚《どっかく》乗であるとします。ほとんどの辞書は、

〝声聞〟は……仏の教えを聞いて悟る者、

〝独覚〟（〝縁覚《えんがく》〟ともいいます）は……仏の教えを聞かず、独りで悟りを開いた者、

としていますが、仏の教えによらない者が仏教者でしょうか⁈　これは、声聞は、釈迦の入滅後、大同団結した弟子たちが形成した主流派の系統に属する後継者たちです。それに対して独覚は、釈迦の入滅後、この主流派に加わらず。主として山林に籠って修行した弟子たちの後継者です。まあ、そんなことはどうでもいいでしょう。いずれにしても声聞・独覚は自己の悟りだけを目指して修行するので、利他の心がありません。それで小乗仏教徒とされています。そして、空海は声聞を第四段階に、独覚を第五段階に位置づけました。そして〝抜業因種〟というのは、われわれの悪業の原因、種《たね》となるものを取り除こうとすることです。しかし自分の悪業の因だけを取り除こうとするから、小乗仏教になるのです。わたしが思うには、唐に渡る前の空海は山林修行者であって、独覚に近かったようです。それで、声聞よりも独覚のほうを

一段階上に見たのではないでしょうか……。
第六住心　他縁大乗心《たえんだいじょうしん》……ここで利他の心、すなわち他人に対する慈悲の心が起きてきます。空海はこの段階の仏教に、奈良の法相宗をあて、権《ごん》大乗とします。〝権〟とは「仮《かり》の」といった意味で、まだ大乗仏教にはなっていないが、大乗仏教にかなり近づいているということです。では、なぜ法相宗が利他の心になるかといえば、法相宗は唯識の立場に立ち、いっさいの事物は自分の心（識）がつくったものと考えるので、そこで自分が他人とつながってくるからです。
第七住心　覚心不生心《かくしんふしょうしん》……これは奈良仏教の三論宗に相当します。これも、第六と同じく権大権の教えです。第六においては、たしかに慈悲心が説かれていますが、それでもその段階においては、人々の機根（素質と能力）に差があるとされています。けれども、「一切は空である」とする三論宗の空観の立場になると、差別がなくなってすべてが平等になります。それが第七住心で、一切のものを無差別平等、不生不滅といった見方にまで精神が進んだことになります。
第八住心　如実一道心《にょじついちどうしん》……第六と第七の段階はまだ権大乗でありましたが、この第八住心になって本格的な大乗になります。「如実一道心」は、また「一道無為心《いちどうむいしん》」「如実知自心《にょじつちじしん》」「空性無境心《くうしょうむきょうしん》」ともいわれ、あらゆるものが本来的に清浄であり、それ故、対立を超越して一如であるといった自覚に到達できた境地がこの第八住心です。これは『法華経』が説く世界観であり、天台宗の最澄の立場がこれです。

第九住心　極無《ごくむ》自性心《じしょうしん》……この第九住心が顕教の最高の境地であり、空海はこれを華厳宗の立場だとします。最澄は、南都の仏教よりも天台宗のほうが優れていると主張していましたが、空海はそれを逆転させて華厳宗を天台宗の上に置いたのです。天台宗にとっては腹立たしいことでしょう。わたしたちは現象世界と真理の世界を二分して考えていますが、それはわれわれが海を見て、あれは波だ、いや水だと区別しているようなものです。嵐が吹けば波になり、静かであれば水になります。現実世界と理想世界もそれと同じで、あるときは波となり、あるときは水になるのです。万有（現実）において一者（絶対真理）を見、一者（絶対真実）の中に万有（現実）を見ることが華厳哲学の第九住心であり、これこそが仏教哲学の終局点だと空海は考えたのです。

第十住心　秘密荘厳心《ひみつしょうごんしん》……第九住心は、哲学的宇宙論、世界観としては完成しています。だが、それは、あくまでも哲学としての完成であって、大事なことは、われわれがその大宇宙——曼荼羅大宇宙——に飛び込むことです。その飛び込みによって、現実世界が理想世界となって出現するのです。別な表現をすれば、自分の心を徹底的に究めるならば、その中に悟りがあることに気づくはずです。その自分の中にある悟りが菩提心です。そして、自分自身がその菩提心と一体となったときが秘密荘厳心です。もちろん、これが密教の立場です。

このように空海は、心の世界を十の発展段階に分けて論じています。第一が倫理以前の世界であって、第二・第三が儒教や道教の段階、第四・第五が小乗仏教、第六・第七が権大乗、第八・第九が大乗仏教の段階、そして最後の第十が密教になります。

そのように見ると、第十だけが密教で、あとの九つは顕教ということになります。すなわち空海は、

——九顕一密——

を主張したことになります。だが、『十住心論』をよく読んでみれば、空海はそれぞれの住心を説明したあとで、いずれも見方を変えれば密教になると断じています。たとえば、われわれが食と性だけにうつつを抜かしている第一住心にあっても、真実の心の目を開いて食と性そのもののうちに最高の価値を見出せるのです。だとすれば、すべての段階（住心）が密教と見ることもできるのです。それ故、空海は『十住心論』の中で、

——九顕十密——

の主張をしていると読むべきではないでしょうか。わたしはそう思います。

『秘蔵宝鑰』

天長七年に、空海は『秘密曼荼羅十住心論』を朝廷に提出しました。しかし、これはなんといっても全十巻という浩瀚《こうかん》なる著述です。そこで彼はこれをコンパクトにした三巻の略本をつくっています。『秘蔵宝鑰《ひぞうほうやく》』と題されるもので、著述の年代は不明ですが、『十住心論』とほぼ同じころとされています。

『秘蔵宝鑰』の〝秘蔵〟とは「秘密の蔵《くら》」です。〝宝鑰〟の〝鑰〟は「鍵」の意。わたしたちの目の前に曼荼羅大宇宙があります。本当はその世界はあっけらかんとしたオープンな世界なのに、それが迷っている凡夫には鍵のかかった蔵のように見えます。その蔵の扉を開く鍵を教えたものが、この『秘蔵宝鑰』です。

さて、本書は有名な詩で始まります。

三界《さんがい》の狂人は狂せることを知らず
四生《ししょう》の盲者は盲なることを識《さと》らず
生れ生れ生れ生れて生《しょう》の始めに暗く

死に死に死に死んで死の終りに冥《くら》し

〝三界〟はわたしたち凡夫の住んでいる世界です。〝四生〟とは、人間ばかりでなく、あらゆる生き物をいいます。われわれ凡夫は、三界を生まれては死に、また生まれては死に、輪廻転生を繰り返しています。それは、われわれが迷い、狂っているからです。にもかかわらずわたしたちは、みずからの狂いに気づかず、盲人ぶりに気づいていないのです。生まれる前の自己について何も知らず、死んだあとの自己について何も知らず、ただ無限の生死を繰り返すだけ。そういう意味の詩です。

ですからわたしたちは、ここから始めねばなりません。ここから出発し、順次十の段階を昇っていくのです。

その十の段階（十住心）は、『十住心論』とまったく同じですが、空海は『秘蔵宝鑰』においては、最初におのおのの心の世界を要約した詩をそえています。それを現代語訳して示しておきましょう。

第一　異生羝羊心《いしょうていようしん》……凡夫は迷いつつ、わが迷いを知らず、ただ性と食のみを思う、雄羊のごとし。

第二　愚童持斎心《ぐどうじさいしん》……何人かの縁によりて、たまたま節食を思う。穀物の種が蒔《ま》かれ、発芽するようなもの。

第三　嬰童無畏心《ようどうむいしん》……天界に生まれ、しばしの安心。嬰児《えいじ》と子牛が母に抱かれるがごとし。

第四　唯蘊無我心《ゆいうんむがしん》……ただ物のみありて、実体なきを知る。教えを聞いて悟る者は、この段階。

第五　抜業因種心《ばつごういんじゅしん》……いっさいは因縁より成るを知り、無明の種を除き、ただ独り悟りの果を得る。

第六　他縁大乗心《たえんだいじょうしん》……衆生に対する大慈大悲の心を起こし、すべてが識にして対象なきを知る。

第七　覚心不生心《かくしんふしょうしん》……すべてを空と観ずれば、執着が断ち切られ、心は静まって安楽。

第八　如実一道心《にょじついちどうしん》……現象は差別なく清浄であり、主観と客観とが合一している。そのような心の本性を知る者を仏（大日如来）という。

第九　極無自性心《ごくむじしょうしん》……水にそれ自体定まった性はない。風起きて波が立つ。悟りの世界は究極がなく、どこまでも深まる。

第十　秘密荘厳心《ひみつしょうごんしん》……顕教は塵《ちり》を払うだけ。真言密教が庫《くら》の扉《とびら》を開く。開けば秘宝がたちまち現れ、あらゆる功徳が実現される。

ところで、『秘蔵宝鑰』は『十住心論』とほぼ内容は同じですが、その立場は違っています。すなわち、『十住心論』において空海は「九顕十密」（ということは、すべてが密教だという主張）の立場をとりましたが、『秘蔵宝鑰』においては「九顕一密」の立場をとっています。それは、『秘蔵宝鑰』が、他宗に対して真言宗の優越性を示すためにつくられたものだからです。したがって、そこには宗派意識があります。しかし、『十住心論』には宗派意識はなく、空海独自の仏教哲学を展開しています。

わたしは、真言宗と天台宗のいずれが優れているか、そんなことには関心がありません。したがって、わたしは、『秘蔵宝鑰』よりも『十住心論』のほうが好きです。

「顕密は人に在り」

▼ちょっと伺いますが、昔の人は、あらゆる仏教経典――大乗経典も小乗経典も含めて――が釈迦仏のお説きになったものと信じていたのですよね。では、空海は、すべての経典が大日如来によって説かれたものと主張したのですか？

その点について空海は、『弁顕密二教論《べんけんみつにきょうろん》』において詳しく説明しています。この書は弘仁六年（八一五）、空海四十二歳のころの執筆とされています。でも、この書を読むには、われわれは空海が数多くの経典や論書から引用している、その博引旁証《はくいんぼうしょう》ぶりに悩まされ、なかなかついて行けません。そこであなたの質問に答えて、簡単に空海の考え方を説明しましょう。

まず空海は、仏というものを、

――法身仏《ほっしんぶつ》と応身仏《おうじんぶつ》――

の二つに分けます。本当は報身仏《ほうじんぶつ》を入れて三つにすべきなんですが、話を簡単にするために二身にしておきます。

法身仏というのは……時間と空間を超越した存在で、肉体（姿・形）を持たない仏です。

この法身仏はわれわれ衆生の前に姿を現さず（現すことができず）、沈黙しておられます。

そこで応身仏が必要になります。

応身仏とは……われわれ衆生に教えを説くために、時間と空間の中に肉体を持って現れた仏です。

だから釈迦仏というのは応身仏で、その応身仏の説かれた教えが顕教です。

ところが空海は、普通であれば、肉体を持たないから説法できない法身仏（固有名詞でいえば大日如来になります）が、われわれに教えを説いておられると考えました。それが密教の考え方です。だから空海によると、密教とは、

――法身説法――

ということになります。それを論じたものが『弁顕密二教論』です。

では、どういうふうに法身である大日如来が説法されるのでしょうか？

第1章で述べたように、大日如来は象徴言語によって宇宙の真理を説いておられます。風の音、波の音が象徴言語です。いささか奇妙に聞こえるかもしれませんが、わたしが病気になるのも、道で転ぶのも、大日如来の象徴言語でしょう。

そして空海は、その象徴言語の読み方に気づいたのです。その象徴言語の読み方については、第1章で少しく述べてあります。

それから空海は、『般若心経秘鍵《はんにゃしんぎょうひけん》』において、

顕密は人に在《あ》り。声字《しょうじ》はすなはち非なり。

と言っています。この書は天長七年（八三〇）、すなわち『秘密曼荼羅十住心論』が書かれた同じ年に執筆されたものです（ただし、異説もあります）。

一般には、これは顕教の経典、これは密教の経典と区別されています。しかし空海は、そういう経典や声字によって顕教の経典・密教の経典が区別されるのではなく、それを読む人がどういうふうに読むかによってその差が生じるのだとしています。空海が、あらゆる経典が密教経典だと言ったのは、そういう意味です。

『声字実相義』

もう少し補足しておきます。

空海に『声字実相義《しょうじじつそうぎ》』という著作があります。著述の年代はよく分かりません。たぶん四十歳代後半に書かれたものだと思われます。

空海は自分がつくった詩を掲げ、それを解説する形式で論を進めています。その詩は、

五大《ごだい》にみな響《ひびき》あり
十界《じっかい》に言語《ごんご》を具す
六塵《ろくじん》ことごとく文字なり
法身はこれ実相なり

というものです。

〝五大〟とは、地・水・火・風・空の五つの構成要素です。顕教においては、万物を構成する要素として四大――地・水・火・風――を説きますが、密教はそこに空を加えて五大とします。その五大がすべて響きを発している。すなわち声をだしていると空海は言うのです。

次に〝十界〟ですが、わたしたち凡夫が輪廻転生する六道――六つの世界。天界・人間界・阿修羅（魔類）の世界・畜生界・餓鬼界・地獄――に、仏の世界・菩薩の世界・縁覚（独覚）の世界・声聞の世界を加えたものが十界です。その十界のそれぞれに言語があると、空海は言っています。

そして〝六塵〟。これは六境《ろっきょう》ともいい、色《しき》・声《しょう》・香《こう》・味《み》・触《そく》・法《ほう》の六種の認識対象です。その認識対象がすべて文字だと空海は言うのです。

ということは、この宇宙を構成するすべてのもの、森羅万象のことごとくが声字にほかなりません。そして、それは大日如来が真理を語る声であり、文字なのです。したがって、われわれが日常接する大宇宙の森羅万象が、われわれに大宇宙の真理を語ってくれているのです。それが空海の言っていることです。

また空海は、次のように言っています。

名の根本は法身を根源となす。彼より流出《るしゅつ》してやうやく転じて世流布《せるふ》の言《ごん》となるまくのみ。

［名（＝声字）の根本は、大日如来という法身を根源としている。その法身より流出して、次第に変転して、最後には世間に流布している言語となるのだ］

だとすれば、われわれが日常使っている言語はどういうものでしょうか？　空海は、それは法身＝大日如来という最高の真理に根源があり、それが変化したものだと見ています。だから、ほんの微々たるものではあっても、われわれが日常語っている言語のうちに、真理が語られているのです。

普通、顕教においては、あまり言葉を信用しません。言葉によっては、釈迦世尊が悟られた真理を伝えることができないとされています。しかし空海は、そうではないと主張しています。宇宙の森羅万象の響きが、大日如来の説法だというのです。そのような空海の言語観——同時にそれが密教の言語観ですが——を示したものが、この『声字実相義』なのです。

八面六臂の活躍

　このように空海には多数の著述があります。真言宗では、最後に紹介した『声字実相義』に、『即身成仏義《そくしんじょうぶつぎ》』と『吽字義《うんじぎ》』を加えた三書を「三部書」と呼び、空海教学の根幹をなす書としています。

『即身成仏義』は、弘仁十年（八一九）、空海の四十六歳のころの著作と推定されていますが、われわれはこの身、このままで仏になれると主張した書です。そう聞けば誰もがびっくりするでしょうが、すでに述べたように、空海はわれわれは仏の赤ん坊であると見ています。蛙の子はオタマジャクシと呼ばれようと蛙なんです。だから仏の赤ん坊は赤ん坊であっても、すでに仏なんです。したがって、わたしたちはこのままですでに仏です。

　そのような空海の考え方を、『大日経』や『金剛頂経《こんごうちょうきょう》』の二経と、『菩提心論《ぼだいしんろん》』の一論から、八つの文章を引用して論証したのがこの『即身成仏義』です。

　また、『吽字義』（執筆年代は不明）は、空海が梵語《ぼんご》（サンスクリット語）を論じたユニークな書です。もっとも、空海がいささか言葉遊びをしている感なきにしもあらず、と思うのは、わたしだけでしょうか……。

このような著述の多さだけからしても、空海は並の仏教者の三人前、四人前の活躍をしています。さては東寺や高野山の運営にも、僧侶として二人前、三人前の活躍です。しかも彼はその上、万濃池の修築や綜芸種智院の開設など、世俗の仕事にも大活躍です。合計して幾人前の活躍をしたでしょうか。まことに、

――八面六臂の活躍――

と言わねばなりません。空海は、そのような大人物だったのです。

第8章

いまも生きる空海

「山に帰らん」

天長九年（八三二）八月二十二日、空海は高野山の金剛峯寺において万燈万華会《まんとうまんげえ》を修しました。このことはすでに第６章に述べてあります（一三八ページ参照）。そこでも言ったことですが、この天長九年から、空海が高野山で入寂する承和《じょうわ》二年（八三五）までのわずか三年間が、空海の「高野山時代」といえるでしょう。

だが、高野山時代といっても、空海が完全に高野山に引き籠ったのではありません。前章の最初に述べましたが、空海は最後の最後まで、都に出て活躍しています。ただこの三年間は、空海が死を迎える準備をしていたことだけは言えます。

『御遺告』には、次のように記されています。

吾れ去《い》んじ天長九年十一月十二日より深く穀味を猒《いと》ひて専《もっぱ》ら坐禅を好む。みな是れ令法久住《りょうぼうくじゅう》の勝計《しょうけ》、幷《なら》びに末世後生の弟子門徒等の為なり。方《まさ》に今もろもろの弟子等諦《あき》らかに聴き諦らかに聴け。吾れ生期《しょうご》今幾《いくばく》ならず。仁《なんだち》等好く住して慎みて教法を守れ。吾れ永く山に帰らん。

［わたしは去る天長九年十一月十二日から極端に五穀を厭い避け、もっぱら坐禅をやっている。これは、仏法をこの世に永遠にあらしめんがための工夫であり、わが死後の未来の門弟たちのためにしていることだ。まさにいま、弟子たちよ、よく聞くがよい、よく聞くがよい、わたしの余生はあといくばくもない。あなたがたはよく勤め、わが教えを忠実に守れ。わたしは永く山に帰ろうと思う］

天長九年十一月十二日といえば、万燈万華会を修してから約三か月後になります。この日から空海は五穀——米・麦・粟《あわ》・豆・稗《ひえ》——を口にしなくなったのです。

なぜ空海が五穀断ちをしたのか？　その理由はよく分かりません。たぶん「人間離れ」をしたかったのだ、ということにしておきましょう。

それよりも、ここにある、

《吾れ永く山に帰らん》

という言葉が、空海の願望を語っています。前にも指摘しましたが、空海には「都の人」と「山の人」の二面性があります。ときには、なにもかをも捨てて、猛烈に「山の人」になりたいという願望が起きてくるのです。その気持ちがここに表明されています。

空海の最期

承和二年（八三五）正月から、空海は食を断ったようです。最後には水分すら補給しなくなったらしいのです。

弟子たちは空海に、「どうか食物を摂《と》ってください」と懇願します。すると空海は、

止《やみ》ね。止ね。人間《じんかん》の味を用ひざれ。

［やめなさい、やめなさい、もはやわたしには、世間がいう食物など不必要だ］

と答えました。『空海僧都伝』に、そうあります。

『維摩経《ゆいまきょう》』（正しくは『維摩詰所説経《ゆいまきつしょせつきょう》』）を読んでいると、衆香国《しゅこうこく》と呼ばれる仏国土があって、そこから貰って来た「満鉢《まんぱつ》の香飯《こうはん》」（鉢に山盛りになった一膳の香《こう》の飯《めし》）でもって、八万四千人の市民のほか、多数の菩薩たちや出家修行者、天人たちがそれを食べて、満腹する場面があります。ひょっとしたら空海は、その「香飯」のようなものを考えていたのではないでしょう

か。それが、人間の味ではなく、仏国土の食事です。

そして、同年の三月二十一日、寅の刻（午前四時）、空海は大勢の弟子たちに見守られながら永眠しました。享年六十二。

そして、『続日本後紀』などの正史によると、空海の遺骸はまもなく荼毘に付されました。それが、偉大なる仏教者、密教人間であった空海の最期でした。

空海の復活

ところが、それから百年ほどのち、空海は復活しました。

復活といえば、われわれはイエス・キリストのそれを思い浮かべます。キリスト教の教義によると、イエスは死後三日目に肉体をもって蘇《よみがえ》り、人々と語り合い、食事をし、弟子たちに布教活動を命じました。それがイエスの復活です。

だが、空海の復活は、それに通じるところもありますが、まったく違ったものです。

まず、朝廷は延喜二十一年（九二一）、空海に〝弘法大師〟といった諡号《しごう》を贈りました。これが〝お大師さん〟の誕生です。

巷間では、

――大師は弘法に奪われ、太閤《たいこう》は秀吉に奪わる――

と言われています。〝太閤〟というのは、関白をその子に譲った人の敬称です。ですから大勢の太閤がいます。しかし、われわれが〝太閤さん〟といえば、豊臣秀吉を指します。それが「太閤は秀吉に奪わる」です。

同様に、〝大師〟といえばすぐに弘法大師となりますが、なにも空海だけが大師ではありません。第1章で述べたように、最初に大師号が贈られたのは最澄の伝教大師であって、最初の人をいうのであれば最澄です。にもかかわらず、われわれは〝大師〟〝お大師さん〟といえば、すぐに弘法大師空海になります。お大師さんは、それほど庶民のあいだで人気があります。まこと「大師は弘法に奪わる」です。

お大師さんの人気は、四国の八十八箇所霊場の巡礼を見れば分かるでしょう。庶民は、「同《どう》行二人《ぎょうににん》」といって、お大師さんがわたしと一緒に歩いてくださっているのだと信じているのです。また巡礼をすれば、四国のどこかでお大師さんに会うことができると信じています。

それから、全国各地にある大師伝説を思い出してください。生前の空海が訪れたことのないであろう土地にまで、さまざまな大師伝説があります。

――お大師さんが、孝行者のために、杖でここをたたかれたもので、この温泉が出てきた

——お大師さんのために、わざわざ遠くから水を運んで来てくれた者に、ここに井戸をつくってくださった——

そんな勧善報酬の伝説もあります。そうかと思えば、逆に、

——お大師さんが所望されたのに、意地の悪い者が「この芋は食えん」と嘘を言ったもので、その後、その土地の芋が本当に食えなくなった——

といった懲罰的な伝説もあります。

ともあれ、庶民のあいだでは、空海はお大師さんとなって、現在にいたるも生きているのです。

これが空海の復活です。

入定信仰

じつをいえば、死後百年ほどして空海は復活しました——と書いたとき、わたしは別のことを語ろうと思っていました。それが、筆が滑って、〝弘法大師〟の話になってしまいました。

それはそれでいいと思います。

しかし、最初、わたしが話そうと思っていたのは、空海の、

――入定《にゅうじょう》伝説――


です。空海の遺骸は荼毘に付されたはずですが、死後百年もたったころ、

「いや、空海は死んではいない。空海はいまも高野山の奥の院において、肉体をとどめたまま禅定に入り、弥勒《みろく》菩薩が五十六億七千万後に仏となってこの娑婆世界に下生《げしょう》されるのをじっと待っている」

といった伝説が生じました。

その伝説によると、空海は承和二年の正月から断食を始め、最後には水分すら摂らなくなりました。そして、三月十日ごろから、彼は弟子たちとともに弥勒菩薩の名号を唱えていたのです。

三月二十一日、寅の刻、空海は改めて結跏趺坐《けっかふざ》をし、大日如来の印を結びました。そして目を瞑《つぶ》り、言葉も発しなくなりました。

それから四十九日目、弟子たちが拝見すると、空海の顔色は少しも変わらず、髪や髭が伸びていました。そこで弟子たちは髪や髭をお剃り申し上げ、衣服をととのえて空海を奥の院にお移ししました。

そして周囲に石垣を築き、上に宝塔を建立しました。

これが入定伝説です。

なんだ、馬鹿馬鹿しい、荒唐無稽な伝説ではないか?! そう言わないでください。そんなことを言えば、イエス・キリストの復活だって、キリスト教徒の以外の人には荒唐無稽の伝説にすぎなくなります。わたしは、事実と真実は違うと思います。たしかに歴史家は歴史的事実を追い求め、歴史的事実を語るべきです。しかし、宗教者にとっては、事実を超えた「真実」が大事です。わたしたちは、

――空海はいまも生きている――

といった、宗教的事実こそを語るべきです。

だとすれば、入定伝説は伝説ではなく、「入定信仰」ではないでしょうか。

わたしたちは、いま、自分の心の中で空海を生かさねばならないのです。空海はいまも生きているのではなく、われわれが空海とともに生きねばならないのです。

空海を生きるということは、密教人間を生きることです。

密教人間を生きることは、仏の赤ん坊として生きることです。

では、病気になったとき、失恋をしたとき、失職をしたとき、いじめに遭ったとき、あるいはうれしい出来事があったとき、仏の赤ん坊はどう生きればよいか……? そんな模範解答があるわけがありません。そのとき、そのとき、それぞれの人が考えるべきことです。模範解答を仏教経典類に学ぼうとするのは、顕教的なやり方であって、密教人間のすることではありま

せん。

俗言では、

——いま泣いた烏《からす》がもう笑った——

というのがあります。これは赤ん坊について言われたものです。泣きわめいていた赤ん坊が、一瞬ののちきゃっきゃっと笑う。そんなことがよくあります。

わたしは、あんがいこれが密教人間のやり方ではないかと思います。

そうなんです、仏の赤ん坊は、うれしいときは笑いころげ、悲しいとき涙を流せばよいのです。それができるのが密教人間だと思います。

わたしは、いま、そんなことを考えています。

空海略年譜

年次	西暦	年齢	行実	参考事項
宝亀 五	七七四	一	讃岐国多度郡屏風が浦（香川県善通寺市）に生まれる（前年の宝亀四年誕生とする説もある）。	不空死去する。
天応 元	七八一	八		桓武天皇即位する。
延暦 三	七八四	十一		長岡京に遷都される。
延暦 四	七八五	十二		最澄、東大寺にて受戒したのち比叡山に籠もる。
延暦 五	七八六	十三		実慧（東寺二世）生まれる。
延暦 七	七八八	十五	叔父の阿刀大足について勉学を始める。	

延暦　十	七九一	十八	大学に入学する。この頃、勤操（異説もある）より「虚空蔵菩薩求聞持法」を授かり、以後、阿波・土佐などの山野で修行する。	
延暦十三	七九四	二十一		平安京に遷都される。
延暦十六	七九七	二十四	『三教指帰』を著す。この頃、密教経典『大日経』と出会う。	
延暦十九	八〇〇	二十七		真済（東寺三世）生まれる。
延暦二十三	八〇四	三十一	東大寺戒壇院にて受戒する（年代には異説もある）。遣唐使船（第一船）にて入唐の途に就く。福州長渓県赤岸鎮を経て長安に到る。	最澄、遣唐使船（第二船）にて入唐の途に就く（翌年帰国する）。
延暦二十四	八〇五	三十二	青龍寺にて恵果より胎蔵・金剛界・阿闍梨位の伝法灌頂を授かる。	恵果、空海への伝法ののち死去する。

延暦二十五（大同元）	八〇六	三十三	長安から越州を経て明州に到り、帰国の途に就く。帰朝後、朝廷に『御請来目録』を提出する。	天台宗に年分度者二名が置かれる（天台宗の公認）。桓武天皇死去し、平城天皇即位する。
大同 四	八〇九	三十六	比叡山に最澄を訪ねる（『延暦寺護国縁起』）。高雄山寺に入る。最澄より密教経典の借覧を請われる。	平城天皇譲位に伴い、嵯峨天皇即位する。
大同 五（弘仁元）	八一〇	三十七		薬子の変、起こる。
弘仁 三	八一二	三十九	最澄ほか僧俗に金剛界および胎蔵の結縁灌頂を授ける。	
弘仁 四	八一三	四十	最澄より『理趣釈経』の借覧を請われるも断る。	
弘仁 六	八一五	四十二	『弁顕密二教論』を著す。	
弘仁 七	八一六	四十三	朝廷より高野山を下賜される。	

弘仁　九	八一八	四十五		最澄、『守護国界章』を著す。
弘仁　十	八一九	四十六	この頃、『即身成仏義』『声字実相義』『吽字義』を著す。	
弘仁十二	八二一	四十八	万濃池修築の別当（長官）に任命される。	
弘仁十三	八二二	四十九		最澄死去する。比叡山に大乗戒壇設立の勅許が下りる。
弘仁十四	八二三	五十	朝廷より東寺を給預される（翌年、淳和天皇より東寺に「教王護国寺」の号を下賜される）。	淳和天皇即位する。
天長　元	八二四	五十一	勅命により神泉苑にて「請雨経法」を修する。朝廷より少僧都に任ぜられるも辞退する（朝廷は認めず）。	
天長　二	八二五	五十二		智泉死去する。

天長　四	八二七	五十四	朝廷より大僧都に任ぜられる。	勤操死去する。比叡山に戒壇院が建立される。
天長　五	八二八	五十五	綜芸種智院を開設する。	
天長　七	八三〇	五十七	『秘密曼荼羅十住心論』を著す。この頃、『秘蔵宝鑰』（正確な執筆年代は不明）、『般若心経秘鍵』（執筆年代には異説もある）を著す。	この頃、淳和天皇の勅命により六宗（律・法相・三論・天台・華厳・真言）、自宗の教理大綱を著して上呈する（『天長勅撰六本宗書』）。
天長　九	八三二	五十九	高野山にて万燈万華会を修する。	
承和　元	八三四	六十一	宮中に真言院を建立する。	
承和　二	八三五	六十二	宮中の真言院にて御修法を修する。高野山において死去（入定）する。	

ひろ　さちや

一九三六年（昭和十一年）、大阪市に生まれる。東京大学文学部印度哲学科卒業、東京大学大学院人文科学研究科印度哲学専攻博士課程修了。一九六五年から二十年間、気象大学校教授をつとめる。退職後、仏教をはじめとする宗教の解説書から、仏教的な生き方を綴るエッセイまで幅広く執筆するとともに、全国各地で講演活動を行っている。厖大かつ多様で難解な仏教の教えを、逆説やユーモアを駆使して表現される筆致や語り口は、年齢・性別を超えて好評を博している。

おもな著書に、『仏教の歴史（全十巻）』『釈迦』『仏陀』『大乗仏教の真実』『ひろさちやのいきいき人生（全五巻）』（以上春秋社）、『観音経 奇蹟の経典』（大蔵出版）、『お念仏とは何か』『禅がわかる本』（以上新潮選書）、『生き方、ちょっと変えてみよう』『のんびり、ゆったり、ほどほどに』『インド仏教思想史（上下巻）』『〈法華経〉の世界』『『法華経』日本語訳』『〈法華経〉の真実』『親鸞を生きる』『道元を生きる』（以上佼成出版社）などがある。

空海を生きる

2021年11月30日　初版第1刷発行

著　者　ひろさちや
発行者　中沢純一
発行所　株式会社佼成出版社
〒166-8535　東京都杉並区和田 2-7-1
電話　(03) 5385-2317 (編集)
　　　(03) 5385-2323 (販売)
URL　https://kosei-shuppan.co.jp/

Kosei shuppan

印刷所　錦明印刷株式会社
製本所　株式会社若林製本工場

◎落丁本・乱丁本はお取り替えいたします。

ISBN978-4-333-02859-7　C0015　NDC188/208P/19cm